일상 영성의 힘

일상 영성의 힘

지은이 | 진재혁
초판 발행 | 2016. 5. 23
등록번호 | 제1988-000080호
등록된 곳 | 서울특별시 용산구 서빙고로65길 38
발행처 | 사단법인 두란노서원
영업부 | 2078-3352   FAX 080-749-3705
출판부 | 2078-3331

책 값은 뒤표지에 있습니다.
ISBN 978-89-531-2562-9 03230

독자의 의견을 기다립니다.
tpress@duranno.com   www.duranno.com

두란노서원은 바울 사도가 3차 전도여행 때 에베소에서 성령 받은 제자들을 따로 세워 하나님의 말씀으로 양육하던 장소입니다. 사도행전 19장 8~20절의 정신에 따라 첫째 목회자를 돕는 사역과 평신도를 훈련시키는 사역, 둘째 세계선교(TIM)와 문서선교 (단행본·잡지) 사역, 셋째 예수문화 및 경배와 찬양 사역, 그리고 가정·상담 사역 등을 감당하고 있습니다. 1980년 12월 22일에 창립된 두란노서원은 주님 오실 때까지 이 사역들을 계속할 것입니다.

일상
영성의
힘

**매일 작은 예수로
사는 길**

진재혁 지음

두란노

contents

Part 2 매일 나와 가까워지기
내 신앙, 살아 있는가?

Part 3 　매일 이웃과 가까워지기
이웃에게 영적 파워가 있는가?

하루가 모여 일생이 되듯, 일상이 모여 인생이 됩니다. 인생은 삶의 이야기입니다. 우리 인생은 어떤 이야기로 가득 차 있습니까? 사람은 누구나 가치 있는 삶을 살길 원합니다. 우리 삶의 가치는 오직 예수 그리스도로부터 말미암습니다.

우리의 소망!

우리의 기도!

우리의 순종!

이 모두가 예수 그리스도를 향하는 믿음의 길입니다. 매일 걷는 그 길 위에서 우리는 작은 예수가 되어 갑니다.

주님과의 마주침은 요란한 지진이나 맹렬한 불 가운데서 이루어지지 않습니다. 우리의 일상 속에 세미한 음성과 스치듯 부드러운 손길을 통해 이루어집니다.

마르지 않는 샘 같은 하나님의 은혜와 크신 능력의 손길이 우리와 함께하기에 일상이 기적이 됩니다. 우리의 일상은 하나님의 기적이요 하나님의 능력입니다.

매일 넘치게 부어 주시는 하나님의 은혜가 낮은 곳으로 흘러갈 수 있도록 일상 속에 길을 내십시오. 십자가의 영성으로 감사를 훈련하며 하나님께 하듯 사람에게 함으로써 길을 낼 수 있습니다. 일상을 주님의 보좌로 만듦으로써 여호와께 바라는 한 가지 일을 이루십시오. "평생에 여호와의 집에 살면서 여호와의 아름다움을 바라보며 그의 성전에서 사모하는"(시 27:4) 삶 말입니다.

주님께 영광을 돌려 드리는 기쁜 일상이 모여 하나님이 영화롭게 하시는 복된 인생이 되기를 기도합니다.

2016년 5월

진재혁 목사

하나님은
일상 영성을
기뻐하신다

chapter 1

예배

: 영적 건망증에 걸린 사람들에게

하나님의 은택을
잊지 말라

사람들은 종종 이렇게 말하곤 한다.

"잊지 않겠습니다."

예기치 않은 사건이나 사고로 희생자가 발생했을 때, 수습 과정을 지켜보며 스스로 잊지 않겠다고, 또 서로에게 잊지 말자고 다짐한다. 이 다짐에는 사건에 대한 안타까움과 아픔뿐 아니라 다시는 그런 일이 일어나지 않기를 바라는 간절함이 담겨 있다. 그리고 한동안 잊지 않으려고 무던히 애를 쓴다. 하지만 어느 순간 기억은 희미해져 가고, 언제 그런 일이 있었냐는 듯 까맣게 잊고 사는 자신을 발견하게 된다.

비단 세계적인 이슈나 국가·사회적 문제뿐이겠는가. 일상에서 일어나는 크고 작은 일이 또 얼마나 많은가? 어디에 주차했는지 몰라서 헤매고 돌아다녔던 경험, 외출했는데 부엌의 가스 불을 껐는지 안 껐는지 기억이 안 나서 불안했던 경험은 없는가. 갑자기 누군가의 이름이 생각나지 않아서 한참 머뭇거렸던 적은 없는가.

이럴 때 누구나 건망증이나 치매가 아닌지 의심한다. 이 둘의 차이를 간단히 설명하자면 이렇다. 열쇠를 손에 들었는데 문을 열려고 한 건지 잠그려고 한 건지 생각나지 않는다면 건망증이다. 그러나 왜 열쇠를 들고 있는지조차 모른다면 치매다. 어쨌든 사람들은 건망증이든 치매든 아니면 다른 어떤 이유에서든 기억해야 할 것들을 잊어버리고 사는 경우가 많다. 비교적 간단한 문제일 경우, 잊어버리거나 깜빡한다고 해서 큰 문제가 되지는 않는다. 하지만 인생을 좌우할 만큼 중요한 문제를 잊어버린다면 얘기가 달라진다.

그러나 두뇌의 건망증이나 치매보다 영혼의 건망증, 즉 영적 망각이 더 심각하다. 이에 대해 이야기를 나누고자 한다.

그의 모든 은택을 잊지 말지어다

> 내 영혼아 여호와를 송축하라 내 속에 있는 것들아 다 그의 거룩한 이름을 송축하라 내 영혼아 여호와를 송축하며 그의 모든 은택을 잊지 말지어다(시 103:1-2).

시편 103편은 "내 영혼아 여호와를 송축하라"라는 동일한 말씀으로 시작하고 끝난다. '송축'으로 번역되는 히브리어 '바락'(Barak)은 이 시에서 무려 일곱 번이나 쓰였는데, "kneel down, bless", 즉 "무릎을 꿇다, 경배하다, 축복하다"라는 뜻을 지니고 있어서 대상의 좋은 점을 말하는 의미로 '칭찬하다, 찬양하다'로 해석할 수 있다. 실제로 영어 성경 NIV는 "여호와를 송축하라"를 "Praise the Lord"로 번역하고 있다.

하나님의 선하심과 위대하심에 대해 좋게 말하는 것이 여호와를 송축하는 일이요 하나님을 찬양하는 것이다. 단순히 입으로만 고백하는 찬양이 아니다. 속에서부터 영혼이 지정의(知情意)를 다해 살아계신 하나님의 선하고 위대하심을 경배하고 인정하고 선포하는 것, 이것이 진정한 송축이요 찬양이다.

하나님을 송축하는 것은 인간에게만 주어진 일이 아니다.

> 능력이 있어 여호와의 말씀을 행하며 그의 말씀의 소리를 듣는 여호와의 천사들이여 여호와를 송축하라 그에게 수종들며 그의 뜻을 행하는 모든 천군이여 여호와를 송축하라 여호와의 지으심을 받고 그가 다스리시는 모든 곳에 있는 너희여 여호와를 송축하라 내 영혼아 여호와를 송축하라 (시 103:20-22).

성경은 하늘의 '천사들'과 '천군'을 비롯하여, 하나님의 지으심을 받고 그가 다스리시는 모든 곳에 거하는 모든 이들이 다 하나님을 송축하라고 말씀한다.

나는 지금 하나님을 찬양하고 경배하며 하나님을 하나님으로 인정하고 있는가? 나의 예배 모습은 어떠한가? 예배는 하나님의 은택을 잊지 않는 것이다(시 103:2). 메시지성경은 이 구절을 "O my soul, bless God, don't forget a single blessing!"이라고 번역했다. 하나님이 주신 축복을 하나라도 잊지 말라는 말씀이다. 시편 기자도 이렇게 말한다.

> 내가 여호와를 항상 송축함이여 내 입술로 항상 주를 찬양하리이다(시 34:1).

성경은 하나님을 향한 마음의 고백과 함께 영혼이 날마다 여호와를 송축하며 그의 은택을 잊지 말라고 말씀한다.

잊지 말아야 할 네 가지 은혜

그렇다면 하나님께 예배드릴 때 감사하고 인정하고 잊지 말아야 할 은혜는 무엇인가? 크게 네 가지로 나누어 생각해 볼 수 있다.

첫째, 용서하심이다. 하나님의 용서하심의 은혜를 잊지 말아야 한다.

그가 네 모든 죄악을 사하시며(시 103:3a).

하나님이 우리를 용서하신다. 주님은 "동이 서에서 먼 것 같이 우리의 죄과를 우리에게서 멀리 옮기셨다"(시 103:12)고 하신다. 뿐만 아니라 우리에게 "오라 우리가 서로 변론하자 너희의 죄가 주홍 같을지라도 눈과 같이 희어질 것이요 진홍 같이 붉을지라도 양털 같이 희게 되리라"(사 1:18)고 말씀하셨다.

그렇다. 하나님의 용서하심이 없다면 우리가 어떻게 이 자리에 설 수 있겠는가? 하나님의 용서하심이 없다면 우리가 어떻게 하나님의 생명을 경험할 수 있겠는가? 주님이 우리를 위해 이 땅에 오셔서 우리의 모든 죄를 짊어지고 십자가에서 죽으심으로써 모든 죄를 사하시고 깨끗하게 하셨다. 그러므로 우리는 하나님의 용서하심의 은혜를 잊어서는 안 된다.

누가복음 15장에 나오는 탕자 이야기를 잘 알 것이다. 그 이야기에서 가장 인상 깊은 대목은, 아버지께 죄지은 것을 뒤늦게 깨닫고 돌아오는 탕자를 향해 아버지가 달려가 목을 얼싸안고 입을 맞추는 장면이다. 아들을 용서하고 사랑하는 아버지가 바로 하나님이시다. 우리가 어떤 상황에 처해 있어도 돌이켜 하나님을 찾을 때, 하나님은 우리를 용서하고 받아주고 사랑하신다는 것을 기억하라.

둘째, 치유하심이다. 하나님의 치유하심의 은혜를 잊지 말아야 한다.

> 네 모든 병을 고치시며(시 103:3b).

하나님이 우리의 모든 병을 치유하신다. 육신의 질병뿐 아
니라 영적인 질병과 영혼의 연약함까지도, 상처받고 흉터 난
모든 것들을 치유하고 새롭게 하신다. 하나님이 만지시고, 그
의 사랑으로 덮으심으로써 우리의 모든 병을 고쳐 주신다.

사람들은 대개 건강할 땐 질병의 고통을 모른다. 그러다가
아프면 그때서야 비로소 고통을 절감한다. 그리고 모든 병을
고치시는 하나님을 찾고, 경험하게 된다. 그렇다. 하나님은 우
리를 치유하시는 분이며 고통 가운데서 자유케 하고 회복시켜
주시는 신실한 분이다.

베드로가 성전 미문에서 구걸하던 이에게 이렇게 말했다.

> 은과 금은 내게 없거니와 내게 있는 이것을 네게 주노니 나
> 사렛 예수 그리스도의 이름으로 일어나 걸으라(행 3:6).

그가 걸인의 오른손을 잡아 일으키니 걸인이 발과 발목이
곧 힘을 얻어 걷기도 하고 뛰기도 하면서 하나님을 찬송했다.
걸인은 나면서부터 걸을 수 없었던 사람이다. 난생처음 두 발

로 걷고 뛰게 되었으니 얼마나 기뻤겠는가? 분명히 말로 다할 수 없는 놀라운 은혜요 축복이었을 것이다.

기억하라. 이와 같은 은혜는 지금도 계속되고 있다. 하나님은 오늘도 우리를 치유하고, 삶을 회복케 함으로써 우리에게 새 생명과 새로운 삶을 허락하신다.

셋째, 보호하심이다. 하나님의 보호하심의 은혜를 잊지 말아야 한다. 시편 기자는 "네 생명을 파멸에서 속량하시고 인자와 긍휼로 관을 씌우시며"(시 103:4)라고 노래한다. 여기서 '파멸'은 죽음을 의미하기도 한다. 그래서 다른 역본에는 '무덤'으로 번역되기도 했다.

우리는 지금 힘들고 어려운 때를 지나고 있다. 사건과 사고가 하루에도 얼마나 많이 일어나는지 모른다. 조금만 관심을 갖고 둘러보면 곳곳에 수많은 위기가 도사리고 있음을 깨닫게 된다. 그럼에도 불구하고 우리가 지금까지 살아온 것은 하나님의 은혜가 아닐 수 없다. 하나님이 인생의 위기로부터 우리를 보호하신다. 인생의 위험에서 우리를 지켜 주시며, 인생의 웅덩이에서 우리를 건져 내신다. 그리고 마침내 인자와 긍휼로 관을 씌워 주신다.

시편 기자는 이렇게 고백한다.

천 명이 네 왼쪽에서, 만 명이 네 오른쪽에서 엎드러지나 이

재앙이 네게 가까이 하지 못하리로다(시 91:7).

　천 명이 쓰러지고 만 명이 무너지는 상황 속에서도 하나님
이 우리를 지켜 주신다고 말한다. 말 그대로 "이스라엘을 지키
시는 이는 졸지도 아니하시고 주무시지도"(시 121:4) 아니하신
다. 주님은 우리를 향해 "너는 내 것이며 내가 너와 항상 함께
있겠다"고 말씀하신다.
　넷째, 공급하심이다. 하나님의 공급하심의 은혜를 잊지 말
아야 한다.

　　　좋은 것으로 네 소원을 만족하게 하사 네 청춘을 독수리 같
　　　이 새롭게 하시는도다(시 103:5).

　하나님이 좋은 것으로 우리의 소원을 만족하게 하신다. 다
시 말해, 우리의 소원을 이루게 하시고, 공급하고 채우신다는
얘기다. 또한 청춘을 독수리 같이 새롭게 하신다. 독수리는 강
한 힘과 능력, 즉 젊음을 상징한다.
　우리 삶에 부족함이 얼마나 많은가? 하나님은 우리 힘으로
는 도저히 감당할 수 없는 부족함을 친히 채우고 인도하신다.
또한 우리의 영혼을 독수리 같이 새롭게 하고 힘을 주신다. 주
님의 풍성한 은혜 덕분에 우리는 어떤 상황에도 족하다고 고

백할 수 있는 것이다.

시편 103편은 특별히 〈다윗의 시〉라고 명시되어 있다. 다윗은 자신의 인생에서 경험했던 하나님의 용서하심과 치유하심, 보호하심, 공급하심을 노래했다.

> 내 영혼아, 내 속에 있는 모든 것들아,
> 하나님을 송축하라. 그를 송축하라.
> 내 안에 있는 모든 것들아,
> 내 여호와 하나님을 송축하라.
> 주님이 나를 보호하신다.
> 주님이 나를 용서하신다.
> 주님이 나를 채우신다.
> 주님이 나를 치유하신다.
> 내 속에 있는 것들아, 내 속에 있는 것들아,
> 다 하나님을 찬양하라!

다윗의 고백이 곧 우리의 고백이 아닌가. 하나님의 치유하심, 하나님의 용서하심, 하나님의 공급하심, 하나님의 보호하심, 즉 하나님의 사랑하심을 경험하는 우리가 주님의 은택을 잊지 않고, 그 앞에 나아가 주님을 높이고 찬양하고 예배하는 것은 당연한 일이 아닌가.

예배의 영성을 위한 훈련법

여호와의 은택을 잊지 않고 하나님을 기억하는 예배자는 어떤 모습일까? 바로 실천할 수 있는 몇 가지 원칙을 제시해 본다.

첫째, 예배에 집중하라. 사실 때로 예배의 자리에 있으면서도 마음이 다른 곳에 있을 때가 있다. 찬양을 해도 1절을 불렀는지 2절을 불렀는지 혼동되고, 무슨 말씀을 들었는지 하나도 생각나지 않는다. 그러나 하나님의 은혜를 기억하는 사람은 결코 그럴 수 없다. 아니, 그래서는 안 된다. 나를 향한 하나님의 사랑과 은혜를 기억하며 시선을 주께 고정해야 한다. 다윗처럼 "내 영혼아, 내 속에 있는 것들아, 하나님을 찬양하라!" 하고 선포하라. 하나님의 말씀을 들을 때, 찬양할 때, 기도할 때에 온 마음을 다해 하나님께 집중하라. 예배의 주인 되시는 주님 앞에 나아가라.

둘째, 예배당 앞자리에 앉으라. 어떤 사람들은 늘 예배당 뒤쪽 보이지 않는 곳에 앉는다. 대개 뒷자리부터 먼저 채워지는 탓에 나중에 온 사람들이 어쩔 수 없이 앞자리에 앉곤 한다. 물론 모든 사람이 앞자리에 앉을 수는 없다. 그렇지만 오랫동안 목회해 오면서 깨달은 것이 있는데, 예배당의 앉은 자리가 하나님과의 관계와 상당한 비례 관계에 있다는 것이다. 우리 마음의 중심이 그렇다. 앞자리에 앉는 것은 하나님을 향한 간절함과 사모함이 그만큼 크다는 것을 방증한다. 정말 중요하고 좋은 것은 누가 뭐라 하지 않아도 서로 앞다투어 말하지 않는가? 따지고 보면 예배 자리만큼 중요한 것도 없다. 그러므로 가능한 한 앞자리에 앉으라. 매 주일 한 자리씩 앞으로 나아가라. 하나님의 임재 앞에 더 가까이 나아가라.

셋째, 예배를 중요하게 여기라. 내 상황과 기분에 따라 예배를 드릴지 말지를 결정해선 안 된다. 우리 지구촌교회에도 온라인 예배가 있지만 그것은 정말 예배를 드릴 수 없는 상황에 있는 이들을 위한 것이다. 하나님 앞에 공동체가 함께 예배드리는 자리, 바로 그 현장이 중요하다. 하나님 앞에서 함께 예배드리는 것은 여호와의 은택을 기억하는 것이요 나를 향한 하나님의 용서하심과 치유하심을, 주님의 돌보심과 사랑을 기억하는 행위다.

넷째, 미리 와서 예배를 준비하라. 정시에 오는 예배는 이미 늦은 예배다. 미리 와서 준비해야 정시에 예배를 드린다고 할 수 있다. 늦게 와서 겨우 자리를 잡은 사람이 온전한 예배를 드리기란 어렵다. 물론 주차 문제와 같은 여의치 않은 상황들이 있을 수 있다. 그래도 조금 일찍 와서 하나님께 드릴 예배를 준비하라. 하나님께 집중할 준비를 하는 시간을 확보하라.

오늘 내가 드리는 예배는 살아 있는가? 내 삶을 주관하시고, 내 필요를 채우시고, 나를 용서하고 지키시며, 치유하시는

하나님을 향한 감사와 감격이 내 마음에 넘치는가? 이 시간
한번 점검해 보길 바란다.

"내 영혼아, 내 속에 있는 모든 것들아, 여호와를 송축하라!
여호와를 송축하라!"

：

기억하라.
하나님은 오늘도
우리를 치유하시고,
삶을 회복시키셔서
우리에게 새 생명과
새로운 삶을 허락하신다.

：

chapter 2

기도

: 지금 기도하지 않는 사람들에게

기도는
삶이어야 한다

예수를 믿은 지 얼마 안 되는 사람이 있었다. 그가 얼마나 뜨거운 신앙을 가졌던지 늘 말씀과 기도를 가까이하고, 열정도 대단해서 성경 공부 모임과 기도회에 빠지지 않고 참석했다. 그 모습이 참 아름다워서 목사가 장로와 심방을 가는 길에 그와 함께 가기로 했다. 마침 날씨가 무척 더워 아이스크림을 하나씩 먹고 가기로 했다. 편의점에서 아이스크림을 사들고 나와 믿음이 뜨거운 새신자에게 감사 기도를 부탁했다.

그가 "전능하사 천지를 만드신 하나님 아버지…"로 시작해서 창세기부터 말라기까지 기도를 계속하는 것이 아닌가. 다 끝났는가 싶었는데 이내 신약으로 넘어가 예수 탄생과 십자가 그리고 다시 오실 예수님에게까지 이어졌다. 계시록까지 마쳤으니 이제 정말 끝이겠거니 했는데 웬걸, 이번에는 세계 선교로 넘어갔다. 그렇게 한참 동안 기도하고 나니 아이스크림이 다 녹아 버리고 말았다.

목사가 민망하니까 한마디 던졌다.

"허허, 다 녹아 버렸네요."

그러자 장로가 덧붙였다.

"목사님, 노아의 홍수 때 이미 녹았습니다."

식사 기도는 짧고 굵게 하자는 취지의 우스갯소리이지만 기도의 열정만큼은 배워야 하지 않을까 싶다.

그리스도인이라면 기도가 중요하다는 걸 안다. 우리가 기도할 때 하나님이 기뻐하신다는 것도 안다. 그럼에도 불구하고 생각만큼 기도하지 못한다. 과거에 기도를 아무리 많이 했다 할지라도 지금 기도하지 않는다면 우리는 기도를 잃어버린 것이다. 다시금 무릎을 꿇고, 하나님 앞에 나아가는 기도의 영성을 회복하자.

피곤할 때 더 기도하라

일상이 바쁘거나 힘들 때 혹은 피곤할 때, 가장 먼저 놓치는 것이 있다면 그것은 바로 기도하는 시간이 아닌가 싶다. 그런데 예수님은 일이 많고 바쁘셨음에도 불구하고 늘 기도하셨던 것을 알 수 있다.

새벽 아직도 밝기 전에 예수께서 일어나 나가 한적한 곳으로 가사 거기서 기도하시더니(막 1:35).

마가는 이렇게 기록하고 있다.

> 저물어 해 질 때에 모든 병자와 귀신 들린 자를 예수께 데
> 려오니 온 동네가 그 문 앞에 모였더라 예수께서 각종 병
> 이 든 많은 사람을 고치시며 많은 귀신을 내쫓으시되 귀신
> 이 자기를 알므로 그 말하는 것을 허락하지 아니하시니라
> (막 1:32-34).

이날 예수님은 회당에 들어가 가르치셨고, 귀신 들린 자에
게서 귀신을 쫓아내셨고, 시몬 베드로의 집에 가서 그의 장모
의 열병을 고쳐 주셨다. 날이 저물어 해질 때에 소문을 들은
병자들과 귀신 들린 자들이 모두 예수께 나아왔다. 주님은 마
다하지 않고 그들을 고쳐 주시고, 귀신들을 내쫓으셨다. 아마
도 밤늦게까지 사역이 계속되었을 것이다. 바쁜 일정으로 몹
시 피곤하셨을 텐데 예수님은 바로 그 다음날 새벽 아직 날이
밝기도 전에 일어나 한적한 곳에 나가 기도하셨다.

이 구절을 보면서 이렇게 생각하는 사람이 있을지 모른다.

'예수님이니까 당연히 그러셨겠죠. 하지만 우리는 부족하고
연약해서 예수님처럼 기도할 수 없어요. 예수님이니까 바쁘고
피곤한 중에도 그렇게 기도하실 수 있지 않았겠어요?'

그러나 한번 생각해 보라. 이 세상에서 기도가 필요 없는 분

이 있다면 아마도 예수님이 아닐까? 예수님은 기도할 필요가 없는 분이셨다. 하나님과 깊은 교제 가운데 계셨고, 늘 하나님 아버지와 하나라고 말씀하셨다. 예수님은 바쁘고 피곤한 중에도 새벽에 기도하셨다. 부족하고 연약하여 하나님의 지혜와 능력이 필요한 우리는 얼마나 더 기도해야 하겠는가?

종교개혁 이후 마틴 루터(Martin Luther)는 강연과 저술로 하루 24시간이 모자랄 정도로 바빴다. 하루하루 바쁜 나날을 보내면서도 그는 목숨을 걸고 기도했다. 그가 이렇게 말했다.

"오늘은 일이 너무 많고 바쁘니 두 시간 더 기도해야겠다."

"할 일이 너무 많아서 아침에 기도로 세 시간을 보내야만 한다."

마틴 루터는 일이 더 많아지고, 더 바빠진다고 해서 기도 시간을 줄이지 않았다. 할 일이 많아지고 바빠질수록 오히려 기도하는 시간을 더 늘렸다. 그만큼 하나님의 도우심과 인도하심이 필요하다는 뜻이며, 하나님의 능력이 필요하기 때문이다.

오늘 우리에게도 기도에 대한 갈망이 필요하다. 하나님 앞에 나아와 주님과 교제하며 대화하는 것, 피조물인 우리가 창조주 하나님과 대화할 수 있다는 것이 얼마나 놀랍고 영광스러운 일인가? 주님이 그러하셨듯이 새벽에 하나님 아버지와 대화로 하루를 시작하는 것은 성경적이며 바람직한 일이다. 또 일정한 시간에 한적한 곳에서 기도하는 것이 중요하다. 하나님과 함께하는 시간을 최우선순위로 두어야 한다.

당신에게는 하나님과의 교제를 향한 갈망이 있는가? 주님과의 대화에 대한 갈급함이 있는가? 피곤하고 바쁜 때일수록 주님의 은혜가, 주님의 능력이 더 필요함을 인정하는가? '내 기도하는 그 시간 그때가 가장 즐겁다'라는 찬송가 가사처럼 하나님 앞에 나오는 시간이 정말 즐거운가? 이것이 정녕 우리의 고백이 될 수 있기를 축원한다.

기도는 아는 것이 아니라 하는 것이다

제아무리 기도를 갈망하고 계획한다 할지라도 실제로 기도하지 않는다면 아무런 의미가 없다. 기도는 '아는' 것이 아니라 '하는' 것이기 때문이다. 기도할 때 비로소 기도를 배운다. 기도할 때에야 기도가 이루어진다. 기도는 기도로 시작된다.

날이 밝기 전에 기도하신 예수님에게 무슨 일이 일어났는지 살펴보자.

> 시몬과 및 그와 함께 있는 자들이 예수의 뒤를 따라가 만나서 이르되 모든 사람이 주를 찾나이다 이르시되 우리가 다른 가까운 마을들로 가자 거기서도 전도하리니 내가 이를 위하여 왔노라 하시고(막 1:36-38).

주님이 기도하실 때 제자들이 따라왔다. 제자들이 예수님에게 많은 사람이 모여 주님을 찾고 기다린다고 전했다. 주님의 인기는 최고였다. 그런데 주님은 의외의 말씀을 하셨다.

"다른 마을로 가자. 나는 전도하기 위해 왔다."

우리 인생에는 불확실한 것들이 많다. 앞일을 알지 못한다. 그래서 사람들이 원하는 대로 끌려다니곤 한다. 그러나 예수님은 인생의 가장 중요한 목적인 부르심의 사명, 즉 본질을 놓치지 않기 위해 하나님께 기도하셨다. 인기에 영합하거나 사람들의 이야기에 좌지우지되지 않으시고, 기도를 통해서 본질을 기억하고 사명을 붙잡으신 것이다. 이렇듯 기도는 우리의 동기를 정화시킨다.

앞이 보이지 않는가? 지금 당한 상황이 불투명하여 어떻게 해야 할지 모르겠는가? 정말 중요한 것이 무엇인지, 무엇을 해야 할지 막막하다면 그때가 바로 하나님께 나아갈 때다. 주님 앞에 나아와 그분과 교제하며 기도하라. 기도하기 시작할 때 주님이 하늘 문을 여시고 당신의 뜻을 보여 주실 것이다.

기도할 때 하나님의 뜻을 깨닫는다. 기도할 때 하나님의 지혜를 얻는다. 기도할 때 하나님의 능력을 체험한다. 기도할 때 하나님의 기적을 경험한다. 기도할 때 하나님의 인도하심을 받는다. 그러므로 기도해야 한다. 마태복음 18장은 이렇게 말한다.

진실로 너희에게 이르노니 무엇이든지 너희가 땅에서 매면 하늘에서도 매일 것이요 무엇이든지 땅에서 풀면 하늘에서도 풀리리라(마 18:18).

기도 문이 열리면 하늘 문이 열린다. 우리 인생의 문을 열 수 있는 열쇠를 하나님이 주신 것이다.

공항에서 있었던 일이다. 두세 살쯤 되어 보이는 아이가 자기 마음대로 놀다가 그만 넘어지고 말았다. 아이가 심하게 울면서 아빠를 찾았다. 아이 아빠가 순식간에 나타나서 우는 아이를 안고 다독거렸다. 나는 그 모습을 보면서 그것이 어쩌면 우리의 모습이 아닌가 생각했다. 우리는 살아가면서 때로 어렵고 힘든 일을 만나 넘어질 때 아빠 하나님을 부른다. 그러면 하나님이 쏜살같이 달려와 우리에게 구원의 손을 내미신다. 하나님이 우리를 만나 주시고 위로해 주시며 붙잡아 주신다.

그러므로 우리의 잘못으로, 연약함과 부족함으로 인해 넘어졌을지라도 무엇보다도 가장 먼저 해야 할 일은 아버지 하나님을 부르는 것이다. 하나님 앞에 나아와 무릎을 꿇어야 한다. 그럴 때 주님이 우리를 외면하지 않으시고, 회복의 은혜를 베풀어 주신다.

우리 지구촌교회 중보기도팀은 모든 예배 시간마다 중보기도실에서 예배를 위해 기도한다. 내가 해외 집회를 나갈 때도 마찬가지로 중보기도팀에게 기도 제목을 전달한다. 뿐만 아니라 단기 선교를 비롯한 여러 사역을 위해서도 끊임없이 기도가 이어지고 있다. 그들이 기도하는 가운데 실제로 하나님이 사역의 문을 열고 움직이고 역사하셨다. 나는 지금껏 기도를 통해서 일하시는 하나님의 능력을 수없이 보아 왔다. 지금 당장 기도를 시작하라. 하나님께서 주신 인생의 문을 열 수 있는 키를 사용하라!

이제 성경 속 기도의 달인들을 살펴보고 배울 점을 찾아보자.

무릎기도의 달인, 마리아

사람마다 기도하는 자세가 다를 수 있지만 마음가짐만은 동일해야 한다. 마르다의 동생 마리아는 성경에 세 번 등장하는데 그때마다 주님 앞에 무릎을 꿇었다. 이 사실은 우리에게 시사하는 바가 크다. 누가복음 10장 38-42절을 보면, 마르다가 음식 준비로 마음이 분주한 때에 동생 마리아는 주의 발치에 앉아 말씀을 들었다고 한다. 마리아의 무릎 기도는 겸손한 자세로 주의 음성을 듣는 기도였다.

여기서 우리는 자문해 봐야 할 것이다. 주님의 음성을 듣고자 하는가? 많은 사람들이 하나님께 자신의 얘기를 쏟아 놓기만 하고, 정작 주님의 말씀은 놓치고 만다. 쉽게 말해서 내 기도만 하고, 하나님이 미처 말씀하시기도 전에 기도를 마치는 것이다. 주객이 전도되었다고나 할까. 때로는 잠잠하게 때로는 울부짖으면서 기도해야 하지만, 자기에게 말씀하시는 주님의 음성을 듣고자 하는 자세만큼은 변하면 안 된다. 일상에서 피곤하고 지치고 바쁘더라도 하나님과 단둘이 조용한 시간을 갖기를 바란다.

또한 마리아의 기도는 눈물의 기도였다.

> 마리아가 예수 계신 곳에 가서 뵈옵고 그 발 앞에 엎드리어 이르되 주께서 여기 계셨더라면 내 오라버니가 죽지 아니하였겠나이다 하더라 (요 11:32).

사랑하는 오빠를 잃고 슬픔과 고통 가운데 무릎 꿇고 흐느끼며 기도했다. 그곳에 있던 사람들이 함께 통곡할 정도의 기도였다. 주님은 심령이 가난한 자, 애통하는 자가 복이 있다고 말씀하셨다. 나의 연약함과 부족함을 깨닫고 주님의 크심 앞에서 흐느끼면서, 내 문제뿐 아니라 교회와 국가와 열방을 품고 눈물로 기도하자.

마지막으로 요한복음 12장을 보면, 마리아의 기도는 감사기도였음을 알 수 있다. "마리아는 지극히 비싼 향유 곧 순전한 나드 한 근을 가져다가 예수의 발에 붓고 자기 머리털로 그의 발을 닦으니 향유 냄새가 집에 가득했다"(요 12:3)고 기록하고 있다. 마리아가 자신의 가장 좋은 것을 주님께 아낌없이 드릴 수 있었던 이유는, 주님께 대한 감사와 사랑 때문이 아닌가 싶다. 오빠의 죽음으로 고통과 슬픔에 싸여 있다가 오빠가 다시 살아났으니 생명을 주신 예수님께 무엇인들 해 드리고 싶지 않았을까. 감당할 수 없는 은혜를 베푸신 주님을 향해 솟아오르는 감사를 표현하지 않고는 견딜 수 없었을 것이다.

주님의 음성을 듣고자 하는 마음으로, 애통하는 마음으로, 감사하는 마음으로 마리아처럼 무릎을 꿇고 하나님 앞에 나아가길 바란다.

결사기도의 달인, 에스더

에스더는 유대인이 멸종될지 모를 절체절명의 위기에서 죽으면 죽으리라는 각오로 주님께 나아갔다. 위기를 결사기도로 헤치고 나아가 끝내 승리한 에스더를 통해 우리는 인생에서 맞닥뜨리는 엄청난 시련과 위기를 어떻게 극복해야 할지 배울 수 있다.

첫째, 인간적인 행동으로 앞서지 마라. 위기를 당하면 인간적인 방법으로 해결하려고 하는 경우가 많다. 자기 생각으로 하나님보다 앞서 가려 한다. 하지만 에스더는 행동하기에 앞서, 다시 말해 인간적인 방법을 모두 내려놓고, 왕의 마음을 움직이는 분이 하나님이시라는 사실을 인정하고 기도했다. 우리도 그렇게 해야 한다. 자신에게 닥친 고난과 위기에 대해 '내가 어떻게 해결해야 할까' 하고 생각하기 전에 먼저 모든 것들의 주관자이자 해결자되시는 하나님 앞에 엎드려야 한다.

둘째, 기도의 공동체를 구하라. 에스더는 수산에 있는 유대인들에게 자신을 위해 금식기도를 해 달라고 요청했다. 우리에게도 어려운 일을 당했을 때 기도 제목을 나눌 수 있는 공동체가 필요하다. 그런 사람이 있다는 것이 얼마나 큰 힘이 되고, 얼마나 큰 축복이 되는지 모른다.

셋째, 직접 부르짖으라. 에스더는 기도를 부탁했을 뿐만 아니라 자신도 금식하겠다고 말했다. 간혹 기도 부탁만 하고 정작 자기는 기도를 안 하는 사람들이 있는데, 이는 잘못된 것이다. "환난 날에 나를 부르라 내가 너를 건지리니 네가 나를 영화롭게 하리로다"(시 50:15)라는 말씀처럼 우리도 하나님께 부르짖어야 한다.

넷째, 믿음으로 구하라. 죽으면 죽으리라는 에스더의 고백은 체념적인 기도가 아니라 믿음의 기도다. 한 가지 분명한 것은, 구원의 방법은 모르겠지만 하나님이 유대인들을 분명히 구해 주실 것이라는 모르드개의 믿음을 보고, 에스더도 동일한 믿음으로 나아갔다는 것이다. 성경은 우리에게 믿음으로 구하고 조금도 의심하지 말라고 말한다. 하나님이 나를 통해 이루지 않으실 수도 있다. 그러나 하나님이 모든 일 가운데 역사하시며, 주님의 뜻을 이루실 것이라는 사실은 분명하다.

다섯째, 두려움을 이기는 용기를 내라. 사람들은 절체절명의 위기를 당할 때 쉽게 두려움에 빠진다. 눈에 보이는 현실에 압도되어 하나님을 보지 못하기 때문이다. 그럼에도 불구하고 에스더처럼 용기를 내라. 상황을 뛰어넘어 역사하시는 하나님을 바라보고 믿으라. 용기는 믿음에서 나오며, 그것은 곧 믿음의 결단이다. 용기는 두려움이 없는 것이 아니라 두려움에 맞서는 것이다.

여섯째, 지혜롭게 때를 찾으라. 에스더는 3일 동안 금식하고 난 후에 왕에게 나아갔다. 하나님의 은혜로 왕이 규를 내밀었다. 뿐만 아니라 왕의 눈에 에스더가 사랑스러웠다고 했다. 기분이 좋아진 왕은 에스더에게 나라의 절반이라도 주겠다고 했다. 당신이 에스더라면 이 상황에서 어떻게 하겠는가? 보통 사람 같으면 그간의 사정을 죽 늘어놓으며 이런저런 부탁을 했을 것이다.

그런데 에스더는 그렇게 하지 않았다. 왕이 무슨 말이든 다 들어줄 것 같은 상황인데도 에스더는 왕을 위한 잔치를 베풀었으니 하만과 함께 오라는 말만 했다. 잔치가 끝난 후에 소원을 말해 보라는 왕에게 다음날도 잔치를 베푸니 와 달라는 얘기만 했다. 그리고 세 번째 잔칫날에 마침내 왕에게 속사정을 고했다. 지혜롭게 하나님의 때를 기다린 것이다. 에스더는 자신의 감정대로 말과 행동을 앞세우지 않고, 하나님을 신뢰하며 주님의 때를 기다렸다. 하나님의 때를 볼 수 있는 것이 지혜다.

일곱째, 하나님의 반전을 기대하라. 처음에는 하만이 득세하는 것 같았고, 그의 계획대로 일이 진행되는 것처럼 보였다. 그러나 하나님은 유대 민족을 학살하려던 하만을 결국 처단하시고, 그들을 구원하는 멋진 반전을 선사하셨다. 하만이 모르드개를 달기 위해 만들었던 장대에 자기가 매달리게 된 것이다. 우리 주위에도 하만 같은 사람이 있다. 머리를 돌리고 잔꾀를 부리다가 자기 눈을 스스로 찌르는 사람들, 굉장히 지혜로운 듯 번뜩이는 꾀를 부리지만 결국 자기 꾀에 빠지고 마는 사람들 말이다.

유도에서 가장 중요한 기술 중에 하나가 상대의 힘을 이용하여 상대방을 넘어뜨리는 것이라면, 하나님이야말로 고단자가 아니신가 싶다. 가장 힘든 상황을 한순간에 바꾸시는 하나님이요 역전시키시는 하나님이기 때문이다. 우리에게는 한순간처럼 보이지만 하나님은 그 반전을 위하여 계속해서 역사하며 함께하신다.

통곡기도의 달인, 한나

한나에게는 남편의 따뜻한 말이나 마음이 위로가 되기는커녕 마음에 더 무거운 짐이 되었다. 자녀를 갖지 못했기 때문이다. 그것이 인생에 큰 문제였지만 그것 외에는 가진 것이 많은 사람이었다. 하나님의 축복을 받았음에도 한나는 자신이 가진 것을 보지 못한 채 갖지 못한 것 때문에 삶이 무너져 버렸다. 매일 울었으며 음식을 제대로 먹을 수 없었고, 가슴이 떨려서 살 수가 없었다. 인생의 마지막까지 내려갈 만큼 완전한 그로기(groggy) 상태였다.

상황이나 사건은 다를지 몰라도 우리도 이런 고통과 외로움과 아픔을 느끼는 때가 있다. 그것들이 우리를 잡아당겨 침몰시키려 한다. 그런 상황에 처한다면 무엇을 어떻게 해야 하는가?

성경을 보면, 한나가 마음이 괴로워서 여호와께 기도하고 통곡했다고 한다. 대개 밑바닥에 내려갈 대로 내려가서야 더 이상 견디지 못하고 비로소 하나님께 나아와 무릎을 꿇는다. 한나가 얼마나 원통하고 화가 났는지 통곡하며 울어 댔다. 제사장 엘리가 기도하는 한나를 보고 취한 줄 알자 한나가 "여호와 앞에 내 심정을 통한 것뿐"(삼상 1:15)이라고 하소연했다. 이 부분을 표준새번역은 "저의 마음을 주님 앞에 쏟아 놓았을 뿐"이라고 번역했다. 한마디로 마음의 모든 것을 쏟아 놓는 기

40

도를 했다는 것이다.

　한나는 "내 고통을 돌아보십시오. 나를 기억해 주십시오. 나를 잊지 말아주십시오" 하고 통곡하며 오랫동안 기도했다. 너무 많이 운 탓에 나중에는 더 이상 울 기력조차 없어 소리 없이 입술만 움직이는 기도를 했을 것이다. 눈물과 콧물을 다 빼느라 눈이 발개지고 얼굴이 허옇게 떠서 마치 술 취한 사람처럼 보였을 것이다. 그래서 엘리 제사장이 포도주를 끊으라고 충고했다. 기가 막힐 노릇이었지만 한나는 누가 보면 미쳤다고 할 정도로 하나님께 매달렸다.

　당신도 한나처럼 기도해 본 적이 있는가? 하나님께 마음을 다 쏟아부으며 매달려 본 경험이 있는가? 한나의 기도는 그저 머리로 하는 기도가 아니었다. 그것은 마음에서, 심장에서, 속에서부터 우러나오는 한의 통곡이요 간절함이었다.

　이렇게 기도하던 한나가 일순간 다른 사람이 되었다. 집으로 돌아가 먹고, 얼굴에 다시는 근심 빛이 없었다고 한다. 기도 응답을 받았기 때문인가? 아니다. 성경을 자세히 보면 응답받은 내용은 그 뒤에나 나온다. 한나가 기도하자 하나님이 응답하셔서 잉태하게 되었고, 이에 다시 먹고 얼굴에서 근심이 사라졌다고 하면 이해가 될 텐데, 남편과 동침하기도 전에 이미 한나는 달라져 있었다. 기도한 후에 얼굴에서 근심 빛이 즉시 사라졌다는 것이다.

그렇다면 엘리 제사장의 축복을 통해서 하나님의 음성을 들었던 것일까? 그럴 수도 있겠지만, 성경을 보면 몸이 통통한 엘리 제사장은 영적 분별력도 떨어진 상태였음을 짐작할 수 있다. 한나가 한순간에 달라질 수 있었던 이유는 기도 응답도 아니었고 엘리의 축복도 아니었다. 아마도 한나가 기도하는 중에 자신의 모든 짐을 하나님께 맡겼고, 하나님께 간구한 내용을 주님이 들으셨다는 믿음의 확신을 갖게 되었기 때문일 것이다.

한나가 경험한 진짜 기도 응답은 사무엘이 아니었다. 그것은 하나님이 나를 생각하고, 나를 기억하고, 내 마음을 알고, 하나님 앞에서 울고 통곡하며 내놓은 것들을 들으셨다는 믿음인 것이다. 그래서 사무엘을 잉태하기도 전에 근심을 그칠 수 있었다.

동행기도의 달인, 나오미와 룻

나오미는 불행이란 말을 더 이상 사용하기 어려울 정도로 최악의 상태가 되었다. 남편과 두 아들을 잃은 채 이방 땅에 홀로 남겨졌다. 인생에서 모든 것을 다 잃어버렸으니 하늘이 무너지는 것 같았을 것이고, 앞이 보이지 않을 정도로 살 소망조차 사라져 버린 참혹한 현실에 부딪혔을 것이다. 비단 나오미만 그런 상황에 처하게 된 것은 아니다. 정도의 차이는 있을지 몰라도 우리 주변에 이토록 어려운 시기를 지나고 있는 사람들이 있을 수 있다. '왜 이런 불행이 내게 닥쳤을까' 하며 괴로움으로 불면의 시간을 보내는 이들 말이다.

인생을 다 잃은 것처럼 소망이 없고 앞이 보이지 않을 때, 우리는 어떤 선택을 해야 할까? 룻기에 나오는 세 여인을 중심으로 살펴보자.

먼저 나오미의 선택부터 보자. 자신의 생명을 스스로 포기하고 싶을 만한 상황이었는데도 다행히 죽을 길이 아닌 살길을 찾았다. 고향 베들레헴으로 돌아가기로 결정한 것이다. 과연 그렇게 결정하는 것이 쉬웠을까? 자녀들을 데리고 이민 갈 때는 금의환향을 꿈꿨을지 모른다. 그런데 모든 것을 잃고 실패자로 역이민해야 하는 상황이라면 심정이 얼마나 힘들었을지 상상이 된다. 더구나 남편과 아들도 없이 이방에서 얻은 두 며느리를 데리고 이스라엘로 돌아간다는 것이 결코 쉽지만은 않았을 것이다. 그럼에도 나오미가 그런 결정을 한 이유는, 단순히 그곳에 양식이 있어서가 아니라 하나님이 자기 백성을 돌보고 계시다는 소식을 들었기 때문이었다. 하나님이 역사하시는 곳으로 돌아가야겠다고 결심한 것이다.

인생에서 골짜기를 지날 때가 있다. 재기할 날이 영영 다시 오지 않을 것 같은 때가 있다. 더 이상 내려갈 수 없을 정도로 극심한 고난 가운데 처하기도 한다. 그럴 때일수록 나오미처럼 하나님이 계시는 곳, 즉 아버지의 집으로 돌아가야 한다.

며느리 오르바는 어떤 선택을 했을까? 오르바는 시어머니 나오미를 따라가도 얻을 수 있는 게 아무것도 없었다. 핵심은 이것이다. 나오미가 룻에게 "네 동서는 그의 백성과 그의 신들에게로 돌아갈 것"(룻 1:15)이라고 말한 것에 주목해야 한다. 단순히 상황과 환경의 문제가 아니라 믿음과 관련된 문제였음을 알 수 있다. 새로운 삶을 시작하기로 결심한 젊은 오르바에게 뭐라고 할 수는 없다. 지금도 이런 상황에 있다면 "그래, 젊은데 새롭게 시작하는 게 좋지" 하고 격려해 주겠지만, 여기서 간과하지 말아야 할 것은 바로 "그 신들에게로 돌아갔다"는 부분이다. 오르바는 새로운 인생을 살기 위해 나오미를 떠남과 동시에 시댁의 신이 아닌 원래 자기 백성의 신을 향해 떠났다는 얘기다. 오르바는 상황과 환경 때문에 하나님을 떠나는 사람들을 대표한다고 할 수 있다.

끝으로 룻의 선택을 보자. 룻도 오르바처럼 더 나은 미래를 위해 나오미를 떠날 수도 있었다. 하지만 그녀는 끝까지 시어머니를 좇아갔다. 나오미의 강한 만류에도 불구하고 젊은 이방 여인 룻이 대체 왜 그런 선택을 했을까? 가장 먼저 생각해 볼 수 있는 것은 룻의 효심이 아닐까 싶다. 비록 남편은 죽었지만 남편의 어머니가 홀로 남겨지는 것을 차마 보지 못했을 수 있다. 그러나 그런 이유만으로 설명되지 않는 부분이 있다. 이방 여인으로서 아무것도 없는 시어머니를 따라, 더군다나 자신을 어떻게 받아들일지 모르는 이스라엘 땅에 들어간다는 것은 쉬운 일이 아니기 때문이다. 따라서 룻의 고백에서도 알 수 있듯이 오히려 시어머니와의 관계가 아니라 하나님과의 관계에서 비롯된 선택이었다고 봐야 할 것이다.

> 룻이 이르되 내게 어머니를 떠나며 어머니를 따르지 말고 돌아가라 강권하지 마옵소서 어머니께서 가시는 곳에 나도 가고 어머니께서 머무시는 곳에서 나도 머물겠나이다 어머니의 백성이 나의 백성이 되고 어머니의 하나님이 나의 하나님이 되시리니 어머니께서 죽으시는 곳에서 나도 죽어 거기 묻힐 것이라 만일 내가 죽는 일 외에 어머니를 떠나면 여호와께서 내게 벌을 내리시고 더 내리시기를 원하나이다 하는지라(룻 1:16-17).

나오미는 원래 신앙인이었다. 모압 땅으로 이주한 후에도 두 이방인 며느리에게 신앙인의 모습을 보여 줬을 것이다. 그런데 어려운 일이 닥치고, 사랑하는 남편과 아들이 죽고 나자 그녀는 흔들리기 시작했다. 그새 시어머니를 통해 하나님을 믿게 된 룻의 신앙이 더 좋아져서 어머니를 따라가겠다고 한 것이다. "어머니의 하나님이 나의 하나님"이라는 말은 더 이상 어머니의 신앙에 기대지 않고 자기 신앙을 갖게 되었다는 고백이다. 결국 룻이 나오미를 좇았던 이유는 단순한 효심 때문이 아니었고, 되레 어머니와 동행하는 믿음의 여정이었던 것이다.

룻의 선택에서 우리가 배워야 할 점은 가장 힘들 때, 즉 하나님의 뜻을 따르기가 가장 어려울 때라도 하나님이 주시는 믿음을 여전히 붙잡고 순종하는 것이다. 비록 힘들고 어려운 관계일지라도 하나님이 나의 하나님이 되시기에 끝까지 포기하지 않는 것이다. 부부간의 갈등 때문에 때로 끝내고 싶어도, 속 썩이는 자녀 때문에 아무리 힘들어도 가족이기에 포기하지 않고 끝까지 붙잡는 것이다.

기도는 삶으로 나타나야 한다

기도는 삶이어야 한다. 뭔가 필요할 때나 급할 때만 간절히 구하는 것이 아니다. 주님이 몸소 기도하는 삶을 사셨다. 기도한 대로 삶이 변화되기 마련이다.

주님이 기도하고 길을 나선 뒤 가장 먼저 한센병 환자를 만나셨다. 그가 예수님을 찾아와 도움을 청했다. 이에 대한 주님의 반응이 매우 흥미롭다.

예수께서 불쌍히 여기사 손을 내밀어 그에게 대시며 이르
시되 내가 원하노니 깨끗함을 받으라 하시니(막 1:41).

당시 한센병 환자는 하나님께 저주받은 부정한 사람으로 간
주되어 사람들이 가까이하지 않았다. 대화는 물론이고 근처에
얼씬도 하지 않았다. 그런데 주님이 그에게 다가가셨고 손을
내밀어 그를 만지셨다. 멀리서 말씀만으로도 얼마든지 깨끗하
게 하실 수 있는 예수님이 말이다. 굳이 손을 대지 않아도 되었
을 텐데 만지셨다. 이는 새벽에 하신 기도가 주님의 삶 가운데
한센병 환자를 터치하는 하나님의 은혜로 나타난 것이다.
우리의 기도도 이래야 하지 않을까? 내가 원하는 것을 하나
님께 알리는 것이 기도가 아니다. 하나님께 조르거나 억지를
부리는 것이 기도가 아니다. 기도란 하나님의 뜻과 하나님이
원하시는 일이 우리의 삶 가운데 이루어지는 것이다. 우리의
기도가 삶 가운데 나타나야 한다는 뜻이다. 쉽게 말해, 기도한
것으로 그치지 말고, 기도한 대로 살아야 한다는 것이다. 기도
는 한순간의 필요를 위해 하나님께 간구하는 것이 아니라 하
나님의 임재 가운데 주님과 교제하고 동행하는 것이다. 데살
로니가전서 5장은 이렇게 말한다.

쉬지 말고 기도하라(살전 5:17).

아니, 할 일도 많은데 어떻게 쉬지 않고 기도할 수 있단 말인가? 여기서 기도는 하나님과의 교제를 의미한다. 하나님의 임재 가운데 주님과 깊은 만남을 경험하고 교제하는 삶이 기도다.

목사 아들을 둔 권사가 있다. 새벽기도회에 늘 참석하는데, 기도회를 마치고 오는 길에 교회 옆집에서 호박을 하나씩 따 온다고 치자. 마침 옆집 주인도 교인인데, 주인이 보니 새벽기도회만 끝나면 호박이 하나씩 없어지는 게 아닌가? 권사는 목사 아들이 고생하니 맛있는 것을 해 줘야겠다며 아무 생각 없이 호박을 따 가는 것일지 몰라도, 주인의 입장에서는 도저히 이해할 수 없는 일이다. 새벽기도를 열심히 하는 사람이 어떻게 그런 일을 할 수 있단 말인가?

극단적인 예를 들긴 했지만, 우리 모두 한 번쯤 생각해 볼 문제다. 기도가 삶 가운데 나타나고 있는가? "기도를 많이 하는 사람이 왜 저래?"라는 핀잔을 듣고 있지는 않은가? 나의 어떤 모습 때문에 기도조차 힘들다는 사람의 이야기를 들어본 적이 있는가? 거창한 기도 제목을 놓고 뜨겁게 기도하면서도, 정작 가까이 있는 사람들을 위해서는 기도하지 못하는 것은 아닌가? 다시 한 번 말하지만 기도는 삶이다. 하나님 손에 들린 동전 몇 푼을 위해 간구하는 기도가 아니라 거룩하고 전능하신 하나님의 손을 붙잡는 기도를 해야 한다. 기도는 하나님과 동행하는 삶으로 나타나야 한다.

오늘 우리 삶에 기도 문이 열려 하나님의 임재하심 가운데 동행할 수 있도록, 우리의 무릎을 강건케 하시고 주 앞에 나오게 하심으로 다시 깨어 기도할 수 있기를 바란다.

십자가
: 십자가의 감격을 잊은 사람들에게

십자가는
신앙의 핵심이다

사진을 넘기다 보면 사람들이 비슷비슷한 포즈를 취하고 있음을 발견하곤 한다. 사진 속 인물이 다르고 배경이 다른데도 말이다. 아마 어느 사진첩을 봐도 그럴 것이다. 손가락 V를 그리며 미소를 띤 모습도 그중 하나다. 누가 시키지도 않았는데 모두 이런 포즈를 취한다. 왜 그럴까? V 사인이 무슨 뜻인줄 알고 그러는 걸까?

끔찍한 고통의 상징에서 영광의 상징으로

V 사인이 세상에 널리 알려지게 된 데는 윈스턴 처칠(Winston Churchill)의 공이 크다. 그가 제2차 세계대전 중에 기자회견을 열어 국민을 위로하는 메시지를 전했다. 연설을 마친 후 카메라를 향해 연합군의 승리(Victory)를 확신한다는 뜻에서 손가락으로 V를 그려 보였다. 이후에도 그는 이 사인을 자주 사용했고, 그로 인해 사람들은 V를 승리의 상징으로 받아들이고 자주 사용하게 됐다. 사실 V 사인의 유래는 중세까지 거슬러 올라간

다. 그런데 손바닥이 보이는 대신에 손등이 보이도록 V 사인을 하면 다른 의미가 되니 주의해야 한다.

처칠의 V 사인처럼 어떤 느낌이나 메시지를 전달하는 여러 상징들이 있다. 전 세계적으로 유명한 패스트푸드 체인점인 맥도널드의 M, 애플컴퓨터의 한 입 베어 먹은 사과, 메르세데스 벤츠의 원 안의 삼각별 등등 우리 주변에 많다. 십자가도 대표적인 상징물이다. 밤을 밝히는 빨간 십자가는 한국 교회의 상징으로 세계에 널리 알려졌다. 십자가는 목걸이, 귀걸이 등 액세서리는 말할 것도 없고 다방면에서 사랑받는 디자인이다.

지금은 십자가가 영광, 고귀함, 순결함, 아름다움 등을 의미하지만 예수님이 사셨던 당시에는 지금과 전혀 다른 의미를 가졌었다고 역사가들이 말한다. 십자가형이 얼마나 가혹한 형벌인가. 생각만 해도 몸서리쳐질 정도로 두려운 형벌이다. 즉 당시에는 고통의 상징이었던 것이다. 만약 그 시대 사람들이 십자가 모양의 장신구를 한 현대인들을 본다면 아마도 경악을 금치 못할 것이다.

그런 십자가가 이제는 아름다움의 상징이 되었다. 무엇보다도 믿음의 상징이 되었다. 십자가를 빼놓고는 신앙을 이야기할 수 없다. 십자가 없는 교회는 생각할 수 없다. 십자가 없는 찬양, 십자가 없는 성령이란 도저히 있을 수 없다. 예수 그리스도의 십자가는 신앙의 핵심이다. 십자가가 당신에게는 어떤

의미로 다가오는가? 예수 그리스도의 십자가는 우리에게 무
엇을 말하는가?

십자가는 하나님의 능력이다

사도 바울은 "유대인은 표적을 구하고 헬라인은 지혜를 찾
는다"(고전 1:22)고 말했다. 표적은 '기사(奇事), 기적'을 말한다.
아직 하나님을 믿지 않는 사람들은 "하나님을 내게 보여 주면
믿겠다, 기적을 나타내 보이면 믿겠다"고 말한다. 표적을 구하
던 유대인들도 그랬다. 그는 표적과 기사를 구하는 세대에게
그리스도의 십자가는 거리끼는 것이 되었다고 말한다.

> 우리는 십자가에 못 박힌 그리스도를 전하니 유대인에게는
> 거리끼는 것이요 이방인에게는 미련한 것이로되(고전 1:23).

거리낀다는 것은 '걸리적거리다, 방해되다, 꺼림칙하게
생각되다'라는 뜻이다. 어느 영어 성경에서는 이것을 'anti-
miracle'이라고 번역해 놓았다. 기적에 반대되는 것 혹은 기적
에 역행하는 것이라는 뜻이다. 한마디로 기적이 아니란 말이
다. 세상 사람들은 십자가를 기적이라고 할 수 없다고 말한다.
처절한 고통 가운데 수치를 당하며 생명을 잃어 가는 형벌을

어떻게 기적이라고 말할 수 있느냐고 반문한다.

하지만 성경은 이렇게 말하고 있다.

> 오직 부르심을 받은 자들에게는 유대인이나 헬라인이나 그
> 리스도는 하나님의 능력이요 하나님의 지혜니라(고전 1:24).

십자가에 달리신 예수 그리스도는 하나님의 능력이다. 어떻게 십자가가 하나님의 능력이 될 수 있는가? 십자가 사건에서는 어떤 기적도 나타나지 않았다. 가장 연약한 모습으로 연약하게 돌아가셨을 뿐이다. 마치 실패한 것처럼 보이는 그리스도의 십자가가 어떻게 하나님의 능력이 될 수 있는가?

그에 대한 답을 로마서에서 찾을 수 있다.

> 내가 복음을 부끄러워하지 아니하노니 이 복음은 모든 믿
> 는 자에게 구원을 주시는 하나님의 능력이 됨이라 먼저는
> 유대인에게요 그리고 헬라인에게로다(롬 1:16).

우리는 자신을 구원할 수 없다. 이 땅에서 자기 힘으로 구원받을 만큼 하나님 앞에서 자신의 삶이 완전하다고 말할 수 있는 사람은 아무도 없다. 그런 우리를 위해 예수 그리스도가 대신 십자가에서 죽으신 것이다. 우리 죄를 사하시고 우리를 깨

끗하게 하시며 우리에게 영원한 생명을 주셨다. 그런데 주님이 십자가에 달리셨을 때, 사람들은 그것도 모르고 "하나님의 아들이면 거기서 내려와 보라"고 비아냥거렸다. 그들의 비웃음에도 하나님의 아들 예수 그리스도는 내려오지 않으셨다. 온 세상을 구원하시기 위해 끝까지 참으셨다. 하나님은 그렇게, 우리가 감히 상상조차 할 수 없는 방법으로 구원을 이루셨다. 그러므로 십자가에 달리신 그리스도는 하나님의 능력이다.

교회학교에서 부르는 찬양 중에 이런 곡이 있다.

> 돈으로도 못 가요 하나님 나라
> 힘으로도 못 가요 하나님 나라
> 거듭나면 가는 나라 하나님 나라
> 믿음으로 가는 나라 하나님 나라
>
> 벼슬로도 못 가요 하나님 나라
> 지식으로 못 가요 하나님 나라
> 어여뻐도 못 가요 하나님 나라
> 마음 착해도 못 가요 하나님 나라

그렇다. 하나님 나라는 그 어떤 것으로도 갈 수 없다. 많이 안다고 갈 수 있는 곳이 아니다. 마음이 착하다고, 얼굴이 예쁘다고, 권력이 있다고, 높은 지위에 있다고 들어갈 수 있는 곳이 아니다. 오직 한 길, 예수 그리스도의 십자가를 믿는 믿음을 통해서만이, 믿음으로 거듭나야만 갈 수 있다.

그리스도의 십자가는 단순히 한 차례 구원만을 위해 있었던 것이 아니다. 지금도 이 땅에 살고 있는 우리에게 여전히 역사하시는 능력이다. 우리는 오늘도 십자가를 통해 치유를 경험하고, 하나님의 사랑 앞에 나아가 아바 아버지를 부를 수 있다. 십자가는 우리를 죄와 싸워 이기게 하고, 온전하게 만들고, 평강으로 인도한다. 십자가는 불가능을 가능케 한다.

그래서 우리는 고통 가운데서도 소망 중에 주님을 바라볼 수 있다. 병상에서도 하나님을 찬양할 수 있다. 도저히 용서할 수 없는 자들까지도 사랑하고 품을 수 있다. 내 힘으로는 할 수 없지만 놀라운 십자가의 능력을 덧입음으로써 말이다. 십자가 앞에서는 아무리 큰일도 사소한 것이 되어 버린다. 십자가가 하나님의 능력이 되시기 때문이다.

십자가는 하나님의 지혜다

유대인이 표적을 구했다면 헬라인은 지혜를 찾았다(고전 1:22). 헬라인에게 가장 중요한 가치는 지혜였다. 철학을 뜻하는 필로소피(philosophy)는 헬라어 필로소피아(philosophia)에서 유래했다. 사랑을 뜻하는 필로스(philos)와 지혜를 뜻하는 소피아 (sophia)의 합성어다. 직역하면 '지혜에 대한 사랑'이 된다. 지혜를 사랑하는 것이 바로 철학이라는 것이다.

그런데 그 지혜로 바라보면 유대인에게 거리낌이 되었던 예수 그리스도의 십자가가 이방인인 헬라인에게는 미련한 것이 된다(고전 1:23). 어느 영어 성경은 난센스(nonsense)라고 번역했는데, '말이 안 된다'는 것이다. 세상에 지혜가 얼마나 많은데, 십자가 형벌로 죽은 예수 그리스도가 어떻게 하나님의 지혜가 될 수 있느냐며 당찮은 소리라는 것이다.

하지만 성경은 분명히 말한다. 예수 그리스도의 십자가는 하나님의 지혜라고 말이다(고전 1:24). 세상의 어떤 지혜로도 하나님을 다 알 수 없다. 수많은 발명품을 만든 토머스 에디슨 (Thomas Alva Edison)은 "우리는 어떤 것에 대해서 1억 분의 1도 모른다"고 말했다. 그렇다. 피조세계에서도 그럴진대 모든 것을 지으신 창조주 하나님의 깊은 뜻을 어찌 알겠는가?

더구나 사람은 죄를 범해 하나님의 영광에 이르지 못한다 (롬 3:23). 죄의 삯은 사망이므로(롬 6:23) 우리는 영원한 형벌 가운데 죽을 수밖에 없는 운명이다. 하나님과 원수 되었던 죄의 문제를 해결하지 않고는 누구도 하나님께 가까이 갈 수 없다. 그런데 예수 그리스도의 십자가로 말미암아 하나님과 화목할 수 있는 길이 열렸다. 사도 바울은 이렇게 말한다.

또 십자가로 이 둘을 한 몸으로 하나님과 화목하게 하려 하
심이라(엡 2:16).

예수 그리스도는 우리가 하나님과 원수되었던 것을 십자가
로 소멸하시고, 원수 되었던 우리를 하나님과 다시 화목하게
하셨다. 세상의 어떤 지혜도 할 수 없는 일을 죄 없으신 하나
님의 아들이 우리 죄를 대신 짊어지고 십자가에서 죽으심으로
써 이룬 것이다. 이것이 바로 구원이요 세상이 알 수 없는 하
나님의 지혜다. 하나님은 미련한 것을 택하여 지혜로운 자를
부끄럽게 하시고, 연약한 것을 택하여 강한 자들을 부끄럽게
하신다.

하나님의 아들 예수 그리스도가 하늘 보좌를 버리고 이 땅
에 오셔서 우리를 위하여 그 가혹한 십자가에서 피 흘려 돌아
가시기까지의 일은 세상 지혜로 보면 그야말로 바보 같은 일
이다. 전혀 상식적이지 않다. 그런데 거기에는 세상의 지혜로
는 알 수 없는 하나님의 지혜가 있었고, 그 지혜 덕분에 생명
과 치유와 구원을 얻을 수 있었다.

십자가는 하나님의 사랑이다

사도 바울은 로마서에서 "우리가 아직 죄인 되었을 때에 그

리스도께서 우리를 위하여 죽으심으로 하나님께서 우리에 대한 자기의 사랑을 확증"(롬 5:8)하셨다고 말한다. 하나님이 우리를 향한 사랑을 예수 그리스도의 십자가를 통해서 확실하게 증명해 보이셨다. 그래서 어떤 작가는 "십자가에 달리신 것은 예수님의 옷이 아니라 사랑이었다"고 말했다.

어느 초등학교 시험 문제에 "부모님들이 왜 우리를 사랑하실까?"라는 문제가 나왔다고 한다. 어떤 학생이 답안지에 이렇게 썼단다. "그러게 말이다." 웃음이 절로 나오는 이야기다. 그런데 우리를 향한 하나님의 사랑이 이러시지 않을까 싶다. 설명이 안 된다. 도무지 헤아릴 수가 없다. 왜 우리를 사랑하시는가? 그러게 말이다. 할 말이 없다. 거기에는 조건이 없다. 무조건 사랑하신다. 그것도 죄인이었던 우리를 죽기까지 사랑하시다니….

혹시 아무도 나를 사랑하지 않는다고 생각하는 사람이 있는가? 나를 이해하는 사람이 정말 존재할까 의심하고 있는가? 나는 혼자라고 생각하는가? 그렇다면 예수 그리스도 앞에 나아가라. 십자가를 통해서 확인시켜 주시는 하나님의 사랑을 받아들이라. 하나님은 당신을 사랑하신다. 고통 가운데 피 흘리며 자신의 생명을 내어 주신 예수 그리스도를 기억하라. 그분의 십자가는 우리를 향한 하나님의 사랑이다.

어떤 소년이 나무를 깎아서 보트를 만들었다. 오랜 시간에 걸쳐 정성껏 만들었는데 완성하고 나니 매우 기분이 좋았다. 보트가 물에 잘 뜨는지 시험하기 위해 강으로 가져갔다. 보트를 강에 띄우고 흘러가는 모습을 지켜보던 소년이 환호성을 질렀다.

"와우! 내가 만든 보트가 물 위에 뜨다니!"

그런데 얼마 지나지 않아 물살이 빠른 곳이 나타났고, 보트는 소년이 쫓아가지 못할 만큼 빠른 속도로 시야에서 멀어졌다. 소년은 강 주변을 돌며 열심히 보트를 찾았지만 결국 찾지 못했다.

며칠 후 소년은 시내에 나갔다가 조그만 장난감 가게에 진열된 자기 보트를 발견했다. 그토록 찾아 헤매던 보트를 보자 얼마나 기뻤는지 모른다. 당장 가게로 들어가 보트를 가리키며 내가 만든 것이라고 돌려달라고 했다. 하지만 가게 주인은 그걸 어떻게 믿느냐며 고개를 저었다.

"이게 네 거라는 증거가 없잖니. 이 보트를 갖고 싶으면 돈을 내고 사거라."

소년은 억울했지만 어쩔 수 없이 발길을 돌렸다. 그리고 돈을 모으기 시작했다. 차곡차곡 돈을 모아 일정한 금액이 됐을 때 소년은 돈을 들고 기쁜 마음으로 장난감 가게를 다시 찾았다. 그리고 자기가 만들긴 했지만 잃어버렸던 보트를 돈을 지불하고 다시 샀다. 소년은 보트를 손에 들고 가게를 나서며 흐

못한 표정으로 말했다.

"넌 두 배나 내 거야! 내가 너를 만들었고, 또 값을 내고 샀으니까."

하나님의 사랑이 이와 같다. 하나님이 우리를 창조하셨고, 예수 그리스도의 피값으로 우리를 사셨다. 하나님이 우리에게 말씀하신다.

"넌 두 배나 내 거야!"

십자가가 당신에게 어떤 의미인가? 신앙생활을 오래한 사람은 자기가 십자가에 대해 충분히 들었고 알고 있다고 생각할지 모른다. 그러나 십자가에 대한 감격이 사라지지는 않았는지 점검해 봐야 한다. 만약 사라졌다면 회복하기 위해 힘쓰라. 하나님의 능력이요 하나님의 지혜요 하나님의 사랑이신 예수 그리스도의 십자가, 그 십자가 앞에 나아가 주님을 바라보라. 십자가를 다시금 붙잡으라. 십자가 앞에서 다시 시작하라.

chapter 4

십일조

: 십일조를 오해하는 사람들에게

마음의 중심이
더 중요하다

강단에서 설교하기 쉽지 않은 주제가 있다. 그중 하나가 헌금에 관한 설교다. 십일조라는 말만 들어도 마음에 부담을 갖거나 불편하게 생각하는 사람들이 있기 때문이다. 아니면 교회에 재정이 필요해서 저런 설교를 하는 건가 하는 불필요한 오해를 불러일으킬 수도 있다. 그럼에도 목회자들이 헌금에 관한 설교를 하는 것은 그것이 하나님의 말씀이고 성도들에게 복이 되기 때문이다.

사람들이 십일조에 대해 불편한 마음을 갖는 가장 큰 이유는 구약시대 율법에 의해 제정된 십일조가 은혜의 시대라는 신약시대에도 여전히 유효한가 하는 의구심 때문이다. 성경은 예수 그리스도가 이 땅에 오신 것은 구약의 율법을 폐지하러 온 것이 아니라 완성시키러 오신 것이라고 말한다.

신약성경에서 십일조에 대해 언급한 구절은 마태복음 23장 23절이 유일하다.

화 있을진저 외식하는 서기관들과 바리새인들이여 너희가

박하와 회향과 근채의 십일조는 드리되 율법의 더 중한 바
정의와 긍휼과 믿음은 버렸도다 그러나 이것도 행하고 저
것도 버리지 말아야 할지니라(마 23:23).

주님은 이 말씀에서 율법의 의무로 행하는 십일조뿐 아니
라 마음과 진정을 담은 순종의 모습을 강조하셨다. 당시 서기
관과 바리새인은 율법을 지키고자 의무감으로 박하와 회향
과 근채의 십일조를 드렸다. 하지만 그것보다 더 중요한 마음
과 영혼이 들어가 있는 믿음의 고백, 정의와 긍휼과 믿음이라
는 십일조는 드리지 않았다. 예수님은 이것도 행하고 저것도
버리지 말아야 한다며 율법의 십일조뿐 아니라 은혜로 드리는
십일조 정신을 가르치셨다.

구약성경에 십일조가 처음으로 등장한 것은 창세기 14장이
다. 아브라함이 포로로 끌려갔던 조카 롯과 빼앗겼던 모든 재
물과 친척을 되찾아왔을 때 제사장 멜기세덱이 아브라함을 축
복했다. 그러자 아브라함이 하나님의 복을 기억하며 그에게
십분의 일을 떼어 주었다(창 14:20). 그때는 이스라엘이 율법을
받기 전이다. 따라서 십일조는 율법에서 시작된 것이 아니라
그전부터 하나님이 가르치셨고, 그것이 율법 시대를 통해 더
확실해졌으며 은혜로 완성되었다고 할 수 있다. 십일조는 의
무와 율법으로 드리는 게 아니라 감사와 감격과 은혜로 드리

는 것이다.

십일조는 믿음의 고백이다

> 만군의 여호와가 이르노라 너희 조상들의 날로부터 너희가
> 나의 규례를 떠나 지키지 아니하였도다 그런즉 내게로 돌
> 아오라 그리하면 나도 너희에게로 돌아가리라 하였더니 너
> 희가 이르기를 우리가 어떻게 하여야 돌아가리이까 하는도
> 다 사람이 어찌 하나님의 것을 도둑질하겠느냐 그러나 너
> 희는 나의 것을 도둑질하고도 말하기를 우리가 어떻게 주
> 의 것을 도둑질하였나이까 하는도다 이는 곧 십일조와 봉
> 헌물이라(말 3:7-8).

하나님은 이스라엘과 관계를 회복하고 싶어 하셨다. 그래서
주께로 돌아오라고 말씀하셨다. 그들이 어떻게 해야 하나님
께 돌아갈 수 있는지 묻자 하나님은 사람이 하나님의 것을 도
둑질했다며 십일조와 봉헌물을 거론하셨다. 하나님의 것인 십
분의 일을 구분하여 드림으로써 하나님과의 관계를 회복할 수
있다는 것이다.

십분의 일은 주의 것이다. 그렇다면 십분의 구는 누구의 것

인가? 우리 것인가? 아니다. 그것도 하나님의 것이다. 전부 다 하나님의 것임에도 불구하고, 십분의 일만 구분하여 하나님께 드리게 하셨다. 십일조의 가장 중요한 의미는 십분의 일을 드림으로써 십의 전부가 하나님의 것이라는 사실을 인정하는 것이다. 그래서 십일조는 신앙고백이다. 십분의 일을 떼어 드림으로써 하나님 앞에 나의 모든 것이 하나님의 것임을, 하나님이 나의 주인 되심을, 하나님이 내 모든 것 되심을 인정하는 것이 된다.

하나님이 돈이 없으셔서 십일조를 드리라고 하셨을까? 주님은 천지를 만드신 창조주이시다. 세상의 모든 것들을 주관하시는 분이다. 하나님은 세상 그 무엇도 필요로 하지 않으신다. 우리의 십일조조차 필요로 하지 않으신다. 십일조를 드림으로써 하나님을 하나님으로 인정하는 신앙고백을 원하실 뿐이다. 하나님이 나의 축복의 원천이 되시며 나의 주인이 되심을 고백하는 신앙 말이다.

하나님이 인간에게 사과 열 개를 선물로 주며 이렇게 말씀하셨다.

"열 개 중에 아홉 개는 네 마음대로 처분해라. 대신 한 개는 나에게 다시 다오."

인간은 그것을 가지고 맛있는 잼을 만들어 먹기도 하고, 깎아 먹기도 하고, 주스를 만들어 먹기도 했다. 그런데 사과 아홉 개를 마음껏 즐기던 인간이 마지막 남은 하나, 즉 하나님께 드릴 사과를 보니 얼마나 크고 맛있어 보이던지, 지금까지 먹었던 사과보다 훨씬 더 좋아 보였다. 어떻게 할까 고민하고 괴로워하다가 결국 마지막 남은 사과 한 개를 먹어 버리고 말았다. 그러고 나서 미안한 마음에 하나님께 꼭지를 드리며 받아 달라고 한다.

십일조에서 가장 중요한 것은 십분의 일을 드리는 게 아니라, 그렇게 함으로써 십분의 구, 아니 십분의 십이 온전히 하나님의 것임을 인정하고 고백하는 신앙이다. 이것은 재물에만 해당되는 게 아니다. 우리의 재능과 시간을 포함한 모든 것들이 하나님의 것이다. 십일조는 믿음의 고백이다. 따라서 불규칙한 드림은 불규칙한 믿음을, 형식적인 드림은 형식적인 믿음을 나타낸다고 할 수 있다.

십일조는 감사의 표현이다

말라기 선지자는 "만군의 여호와가 이르노라 너희의 온전한 십일조를 창고에 들여 나의 집에 양식이 있게 하고 그것으로 나를 시험하여 내가 하늘 문을 열고 너희에게 복을 쌓을 곳이 없도록 붓지 아니하나 보라"(말 3:10)는 하나님의 말씀을 전했다.

"네가 나를 시험하여 내가 어떻게 너를 축복하는가 보라!"

십일조는 하나님이 주신 축복을 확인하는 것이다. 성경은 하나님을 시험하지 말라고 말하는데, 이 대목에서만큼은 하나님을 시험해 보라고 한다. 온전한 십일조를 드림으로써 한번 도전해 보라는 것이다. 십일조를 통해 하나님이 어떻게 축복하시는지를 경험해 보라! 그렇기에 십일조는 감사의 표현이라고 할 수 있다. 하나님이 주신 축복을 확인하고 감사하는 마음으로 드리는 것이 바로 십일조다.

십일조를 드리는 것이 쉽지 않은 사람이 있을 것이다. 자기가 애쓰고 수고한 결과를, 내가 열심히 해서 얻은 수확을 왜 하나님의 것이라고 하느냐고 묻는 사람도 있을 수 있다. 그런데 곰곰이 따져 보자. 누가 그것을 가능케 하였는가? 그것을 얻을 수 있는 건강을 누가 주었는가? 그것을 이룰 수 있는 시간과 지혜를 누가 주었는가? 바로 하나님이시다. 우리에게 주어진 여건과 상황과 가정을 포함하여 이 모든 것을 허락하신 분은 하나님이시다. 그렇다면 주님에게 감사의 마음을 표하는 것은 당연한 일이 아니겠는가.

우리 집 아이들이 어렸을 때 집안일을 시키면서 용돈을 준 일이 있다. 빨래를 개면 얼마, 청소를 하면 얼마, 이런 식으로 정해서 용돈을 주었다. 하루는 아이가 와서 말했다. 빨래 가격이 정해져 있었는데 그날따라 양이 많았던 것이다.

"아빠, 오늘은 빨래가 너무 많아요. 이번에는 용돈 좀 올려 주세요."

나는 아이가 어떻게 반응하는지 보기 위해 이렇게 대답했다.

"알았어. 올려 줄게. 대신 아빠도 너한테 청구할 게 있어."

"뭔데요?"

"네가 지금까지 썼던 기저귀 값, 옷 값, 침대 값 등등을 청구해야겠어."

아이가 조금 생각하더니 그냥 원래 용돈만 받고 빨래를 개겠다고 했다.

아이에게 물었다.

"필요한 게 있으면 엄마 아빠가 다 사줄 텐데, 용돈을 꼭 받아야 할 이유가 뭐야?"

그러자 아빠 생일 선물을 사려고 용돈을 모으는 중이라고 대답했다. 그 얘기를 듣는 순간 얼마나 마음이 좋던지, 그날 당장 용돈을 인상해 줬다. 아이가 사온 생일 선물이 뭐 그리 대단하겠는가. 아이의 마음을 알기에 그 어떤 선물보다도 귀하고 고마웠다.

아이의 마음씀씀이가 고맙고 예뻐서 더 주고 싶은 게 아빠의 마음이다. 하나님의 마음도 이와 다르지 않다. 하나님은 십일조를 통해서 우리가 하나님께 감사의 마음을 표현하길 원하신다. 그리고 그렇게 했을 때 하나님은 우리에게 더 채워 주길 원하신다. 그게 하나님 아버지의 마음이다.

사도 바울은 이렇게 말했다.

> 각각 그 마음에 정한 대로 할 것이요 인색함으로나 억지
> 로 하지 말지니 하나님은 즐겨 내는 자를 사랑하시느니라
> (고후 9:7).

하나님의 의도는 축복이다. 은혜로 모든 것이 차고 넘치게
하시려는 것이다. 그래서 인색함으로나 억지로 하지 말아야
한다. 의무감에 마지못해 드리는 게 아니라 기쁨으로 즐거움
으로 감사함으로 드려야 하나님이 사랑하신다.

어떤 사람이 하나님께 이렇게 기도했다.

"하나님 아버지, 내가 너무 힘들어서 십일조를 하지 못하겠
습니다. 조금만 도와주시면 십일조를 하겠습니다."

하나님이 그의 기도에 응답하셔서 도와주셨다. 물질의 복을
주셔서 그의 곳간을 채워 넘치게 하셨다. 그런데 그는 달라진
것이 없었다. 여전히 십일조를 드리지 않았던 것이다. 하나님
은 한참을 기다리셨다. 그는 끝내 변하지 않았다. 결국 하나님
이 그에게서 복을 거두어 가셨다. 그러자 그가 다시 기도하기
시작했다.

"하나님, 지금 너무 힘든데 조금 도와주시면 십일조를 드리

겠습니다."

과연 하나님이 어떻게 하실까? 십일조는 하나님이 우리에게 주신 축복을 확인하고 감사하는 것이다. 예수님은 우리에게 "너희는 먼저 그의 나라와 그의 의를 구하라 그리하면 이 모든 것을 너희에게 더하시리라"(마 6:33)고 말씀하셨다. 그런데 우리는 거꾸로 할 때가 많다. 하나님이 먼저 채워 주시면, 먼저 모든 것들을 더해 주시면 그때 하나님께 드리겠다고 말한다. 얼마나 어리석은 일인가? 주님의 말씀대로 먼저 즐거운 마음으로, 감사함으로 드려야 한다. 그렇게 하는 것이 지혜다.

십일조는 축복의 씨앗이다

> 만군의 여호와가 이르노라 내가 너희를 위하여 메뚜기를 금하여 너희 토지 소산을 먹어 없애지 못하게 하며 너희 밭의 포도나무 열매가 기한 전에 떨어지지 않게 하리니 너희 땅이 아름다워지므로 모든 이방인들이 너희를 복되다 하리라 만군의 여호와의 말이니라(말 3:11-12).

십일조를 통해 우리를 축복하겠다고 하나님이 말씀하셨다. 십일조를 드리면 메뚜기를 금하고, 기한 전에 떨어지는 열매가 없게 하시겠다고 한다. 그래서 우리 땅이 아름다워지므로 사람들이 축복받았다고 말하게끔 하시겠다고 한다. 그렇다. 십일조는 하나님이 주시는 축복의 씨앗이다.

한 성도가 십일조를 드리다가 여섯 번 놀랐다는 얘기가 있다. 첫째는 십일조를 바침으로써 자기 신앙이 더 확고해져서 놀랐고, 둘째는 십일조를 바치고 나서 나머지로도 넉넉하게 살아갈 수 있다는 데 놀랐고, 셋째는 하나님 사업을 위해 그렇게 많이 드릴 수 있는 자신의 능력에 대해 놀랐고, 넷째는 십일조를 드리다 보니 더 낼 수 있는 담력이 생겨서 놀랐고, 다섯째는 십일조를 내면서 오히려 물질적으로 더 부유해지는 것을 보고 놀랐고, 마지막 여섯째는 이런 축복을 진작 받을 것을 왜 이제 했는지 후회하면서 놀랐다고 한다.

"목사님의 교회에는 십일조를 하는 교인이 얼마나 됩니까?"

목사 모임에서 한 목사가 물었다. 그러자 질문을 받은 목사가 대답했다.

"150명쯤 됩니다."

옆에 있던 다른 목사가 끼어들어 물었다.

"그건 전 교인 수 아닌가요?"

"맞습니다. 하나님께 십일조를 드리는 사람은 실제로 50명쯤 되고, 나머지 100명은 다른 곳에 내고 있죠."

"다른 곳이라뇨?"

"네. 어떤 사람은 병원에 내기도 하고, 어떤 사람은 은행에 내기도 하고…."

이는 생각지도 않은 곳에 돈이 흘러가는 것을 빗대어 한 말이다. 하나님은 우리가 온전한 십일조를 드릴 때 돈이 쓸데없는 데로 새어 나가지 않도록 메뚜기를 금해 주신다는 약속을 주셨다.

십일조, 어떻게 드려야 하나

십일조는 믿음의 고백이요 감사의 표현이며 축복의 씨앗이다. 그렇다면 십일조를 어떻게 드려야 할까? 우선 얼마나 드려야 하는가? 금액은 중요하지 않다. 십분의 일을 드리는 것은 성경이 말하는 최소한의 기본이다. 앞서 살펴본 것처럼 십일조는 구약 율법의 의무로서가 아니라 은혜로, 감사함으로, 믿음의 고백으로 드리는 것이다. 십분의 일을 드리는 것으로 의무를 다했다고 끝내는 것이 아니라 하나님의 은혜 가운데 더 드릴 수도 있다는 말이다.

실제로 초대교회 성도들은 십일조 이상을 드렸다. 오늘날 우리 중에도 풍족한 사람들은 십분의 이나 십분의 삼을 드리기도 한다. 반면 정말 어려워서 십분의 일조차 제대로 드릴 수 없는 상황에 처한 이들도 있다. 그런 사람들은 금액에 상관없이 자신이 하나님께 드릴 수 있는 최선의 것을 드리면 된다.

십분의 일은 중요한 기준이지만, 더 중요한 것은 하나님을 향한 마음과 믿음이다. 다만 여기서 놓치지 말아야 할 것은 우리의 욕심이 기준이 되면 안 된다는 것이다. 하나님을 향한 믿음이 기준이어야 한다. 성경은 우리에게 온전한 십일조를 드리라고 권면한다. 그런데 어떤 사람들은 다른 헌금들 대신에 십일조를 드리는 경우가 있다. 예를 들면, 십일조를 드리는 주에는 주정헌금을 드리지 않는 식이다. 그러나 주정헌금, 감사헌금, 선교헌금 등은 그것대로, 십일조는 십일조대로 각각 따로 구별해서 드려야 한다.

그렇다면 십일조는 언제 드려야 하는가? 하나님이 축복해 주신 대로 바로바로 드리는 것이 가장 좋다. 한꺼번에 모아서 드린다고 모아 뒀다가 나중에 시험이 들어 못 드리는 사람이 있다. 그러니 그때그때 주신 은혜에 감사하는 것이 가장 좋다.

또 십일조에 대한 말씀을 듣고 지금까지 못한 것은 어떻게 하느냐고 걱정하는 사람이 있는데, 걱정할 필요 없다. 몇 년 동안 못한 것을 소급해서 한꺼번에 다 드리지 않아도 된다. 하나님께 드리고자 하는 마음의 중심, 신앙고백이 더 중요하기 때문이다.

마지막으로, 십일조는 어디를 통해서 드려야 하는가? 내 영혼이 양식을 먹는 곳, 곧 하나님이 부르신 공동체에 드리는 것이 성경적 원칙이다. 다른 곳에 드리는 경우가 있지만, 조심해야 할 것은 자신이 마치 하나님인 것처럼 스스로 결정해서 십일조를 내고 말고 하며 생색내서는 안 된다는 것이다. 십일조는 하나님의 교회에 드려서 교회 공동체를 통해 선교와 구제 등에 쓰이도록 하는 것이 성경적이다. 하나님의 십일조를 마치 인심 쓰듯이 제멋대로 정해서 전달하는 것은 성경적이지 않다.

십일조 하면 생각나는 한 사람이 있다. 케냐에서 교회를 개척했을 때의 일이다. 그곳 성도들은 헌금을 참 힘들어했다. 진짜 가난해서 생계를 꾸리기도 힘들고, 심지어 먹을 것조차 부족해서 드리기 힘들어하는 부류가 있었다. 그런가 하면 충분히 드릴 수 있음에도 불구하고 제대로 드리지 못하는 부류가 있었다. 그래서 케냐에서 목회할 때는 금액에 관계없이 하나님께 드릴 때 준비하는 마음, 예배로 드려지는 믿음의 표현을 강조했다. 그날 기분에 따라 지갑을 열어 드리는 것이 아니라 미리 기도하고 준비해서 드리도록 말이다.

그러던 어느 날 멜랍이라는 자매가 찾아왔다. 아이가 둘인데 남편은 인근 국가인 탄자니아로 일하러 간 상황에서 경제적으로 아주 어려운 형편에 처해 있었다. 그녀는 남의 집을 청소하는 일로 생계를 유지하고 있었다.

"목사님, 하나님께 너무 드리고 싶은데 드릴 수 있는 게 아무엇도 없어요."

그녀가 말했다. 그러면서 이렇게 덧붙였다.

"대신 앞으로 토요일 오후마다 교회에 와서 의자들을 청소할게요. 지금 제가 드릴 수 있는 것은 그것밖에 없어요."

그날 이후로 멜랍 자매는 토요일 오후마다 교회에 와서 일주일 동안 쌓인 먼지를 닦고 청소했다. 그녀의 헌신으로 성도들은 주일 아침에 깨끗한 의자에 앉아서 하나님께 예배를 드릴 수 있었다.

금액이 중요한 게 아니다. 하나님께 드리는 마음이 진짜다. 당신은 당신의 신앙을 어떻게 표현하고 있는가? 당신의 드림은 감사를 잘 표현하고 있는가? 드림으로써 하나님의 축복을 경험하고 있는가?

:

하나님은 세상 그 무엇도

필요로 하지 않으신다.

십일조를 드림으로써

하나님을 하나님으로 인정하는

신앙고백을 원하실 뿐이다.

:

내 신앙,
살아 있는가?

chapter 5

감사

: 항상 더 바라는 사람들에게

감사하는 자가
세상을 가진다

멕시코의 어느 마을에 아주 진귀한 현상이 일어났다. 온천과 냉천이 함께 있는 곳이었다. 한쪽에서는 뜨거운 온천수가 솟아나고, 바로 옆에서는 얼음물처럼 차가운 냉천수가 솟아났다. 어느새 관광 명소가 되어 많은 사람들이 그곳을 찾았다.

어느 날 그 광경을 보며 탄성을 자아내던 관광객들의 눈에 어떤 장면이 눈에 들어왔다. 동네 아낙들이 빨래하는 모습이었다. 빨래를 뜨거운 온천물에 삶듯이 담갔다가 바로 차가운 물에 헹구는 것을 보고 한 관광객이 부럽다는 듯이 말했다.

"정말 좋겠어요! 뜨거운 물과 찬 물이 동시에 나오니 얼마나 고마운 일이에요?"

그러자 가이드가 의외의 말을 했다.

"저들은 감사는커녕 불평만 한답니다."

"아니, 왜요? 불평할 게 뭐가 있어요?"

관광객이 이해할 수 없다는 표정으로 물었다.

"비누가 안 나온다고 말이죠."

가이드가 쓸쓸한 웃음을 지으며 대답했다.

혹시 우리도 이런 식으로 불평하고 있지는 않은지 돌아볼 일이다. 주어진 삶에 만족하지 못하고 늘 뭔가를 더 바라지는 않는가. 가만히 들여다보면 참 많은 것을 받았는데도 감사가 없을 때가 얼마나 많은가.

누구나 공짜를 좋아한다. 덤으로 주어지는 것을 싫어할 사람은 없다. 나도 얼마 전 은행에 갔다가 사은품을 받은 적이 있는데 기분이 나쁘지 않았다. 그런데 이상하게도 감사하는 마음은 들지 않았다. 오히려 받는 것이 당연하다는 생각이 들었다. 어떤 대가를 치르지 않고 공짜로 받았다면 감사할 것 같은데 그렇지 않은 것이다.

이번 장에서는 아삽이 쓴 시편 50편을 통하여 감사에 대한 성경적 고찰을 해 보려 한다. 아삽은 누구보다도 예배와 제사를 잘 알았던 사람이다. 하나님을 영화롭게 하는 감사의 제사에 대해 그가 어떻게 말하고 있는지 살펴보자.

감사는 하나님을 잊지 않는 것

> 감사로 제사를 드리는 자가 나를 영화롭게 하나니 그의 행위를 옳게 하는 자에게 내가 하나님의 구원을 보이리라
> (시 50:23).

하나님은 어떤 제사를 받으시는가? 억지로 드리는 제사, 마지못해 형식적으로 드리는 제사가 아니다. 하나님은 특별한 제물이 없어도 감사로 드리는 제사를 영광스럽게 받으신다. 영어 성경은 이 말씀을 "감사가 하나님을 영화롭게 하는 제사다"라고 번역했다. 감사가 하나님이 받으시는 제물이며, 어떤 제물보다 감사를 올리는 것이 가장 중요하다는 말이다.

감사란 무엇인가? 감사로 제사를 드리는 자가 하나님을 영화롭게 한다고 했다. 하나님을 영화롭게 한다는 것은 하나님께 영광을 돌린다는 뜻이다. 바꾸어 말해, 하나님이 영광을 받으신다는 것은 하나님이 하나님 되심을 인정받아 기뻐하신다는 것이다. 우리가 하나님께 감사할 때, 그 감사는 하나님을 하나님으로 인정하는 증거이며, 하나님은 그 제사를 통해 영광을 받으신다. 그러므로 감사는 하나님을 하나님으로 인정하는 것이라고 정리할 수 있다.

그런데 이게 왜 잘 안 되는 것일까? 자꾸 잊어버리기 때문이다. 감사를 받으시기에 합당하신 주님, 이 모든 것을 허락하신 주님, 우리 삶을 인도하며 우리를 사랑하시는 하나님을 망각할 때가 얼마나 많은가. 우리가 누리는 모든 것이 다 하나님께로부터 왔으며, 하나님이 우리 인생의 모든 일을 가능케 하셨고, 모든 순간마다 주님이 역사하신 사실을 잊어버릴 때 우리는 감사할 수 없다.

하나님을 잊어버린 너희여 이제 이를 생각하라 그렇지 아
니하면 내가 너희를 찢으리니 건질 자 없으리라(시 50:22).

아삽은 하나님을 잊어버리지 말라고 말한다. 내게 온 것들
은 공짜로, 덤으로 그냥 주어진 것이 아니다. 하나님이 공급해
주신 것이다. 그리고 이렇게 말한다.

내 백성아 들을지어다 내가 말하리라 이스라엘아 내가 네
게 증언하리라 나는 하나님 곧 네 하나님이로다(시 50:7).

그는 하나님이 "삼림의 짐승들과 뭇 산의 가축이 다 내
것"(시 50:10)이라고 말씀하셨다고 전한다. 세상 모든 것이 하나
님의 것이며, 하나님이 모든 것을 주관하신다는 것이다. 우리
는 하나님을 하나님으로 마땅히 인정해야 한다. 주님께 감사
해야 한다.

아파서 병원에 입원한 적이 있다. 위장을 정밀 검사하느라
일주일 동안 아무것도 먹지 못했다. 먹는 걸 좋아하는 사람이
하루도 아니고 일주일씩이나 그러고 있으려니 얼마나 힘들었
는지 모른다. 모든 검사가 끝나고 드디어 음식을 먹어도 된다
는 의사의 말을 들었을 때, 그 기쁨은 이루 말할 수가 없었다.

첫 끼니로 배식받은 것은 미음과 된장국이었다. 평소에는

거들떠보지도 않는 음식이었다. 더구나 이름만 된장국이지 멀건 국이었다. 일주일이나 금식한 후에 먹는 환자식이라 병원에서 어련히 알아서 했을까 싶지만 사실 보기에 먹음직스러워 보이진 않았다. 색깔만 된장국인 국을 입에 넣는 순간 그 짭조름한 맛이 얼마나 맛있던지…. 세상에 그렇게 훌륭한 요리가 따로 없었다. 별것 아닌 음식에 미각이 다시 살아나는 놀라운 경험을 했다.

이렇듯 한 걸음만 물러나서 보면 감사할 것들이 얼마나 많은지 모른다. 공기도, 햇빛도, 건강도, 생명도, 내게 주어진 하나하나가 감사하다. 모두 하나님이 허락하신 것이기에 감사한 것이다. 내가 소유하고 있는 것, 내가 누리고 있는 것도 모두 하나님께로부터 온 것이다. 때로 힘들고 어려운 일이 주어질 수도 있다. 그러나 그 가운데서도 역사하시는 하나님, 나를 돌보고 사랑하시는 하나님을 신뢰하고, 하나님이 주인 되심을 선포하며, 하나님을 하나님으로 인정해 보라. 사도 바울은 "내가 나 된 것은 하나님의 은혜"(고전 15:10)라고 고백했다. 하나님을 인정하는 고백이다. 또한 "범사에 감사하라 이것이 그리스도 예수 안에서 너희를 향하신 하나님의 뜻"(살전 5:18)이라고 말하기도 했다. 우리가 모든 상황 가운데 감사하기를 하나님은 원하신다.

그런데 어떻게 해야 그런 감사의 삶을 살 수 있는가?

우리가 알거니와 하나님을 사랑하는 자 곧 그의 뜻대로 부르심을 입은 자들에게는 모든 것이 합력하여 선을 이루느니라(롬 8:28).

우리말로 번역된 성경을 보면 마치 선(善)이 저절로 이루어지는 것처럼 느껴지지만, 헬라어 성경과 영어 성경을 보면 '하나님'이라는 주어가 분명히 존재함을 알 수 있다. "하나님이 모든 것을 합력하여 선을 이루어내시느니라." 어떤 상황 속에서도 감사할 수 있는 것은 하나님이 우리를 가장 선한 길로 인도하신다는 믿음이 있기 때문이다. 하나님을 하나님으로 인정하는 믿음이다. 그러므로 하나님을 인정하는 삶에는 부정적인 요소가 없다. 하나님을 인정하는 삶에서 진정한 감사가 흘러나온다.

지라도까지 가 봐야 감사를 알 수 있다

감사로 제사를 드리는 자가 나를 영화롭게 하나니 그의 행위를 옳게 하는 자에게 내가 하나님의 구원을 보이리라 (시 50:23)

86

행위를 옳게 하는 자는 어떤 사람인가? 바로 감사로 제사를 드리는 사람이다. 감사함으로 하나님을 하나님으로 인정하는 자에게 하나님이 구원을 보이겠다고 약속하신다. 구원이라고 하면 영생을 얻고 천국에 가는 것만 생각하는데, 여기서는 그런 의미가 아니다. 아삽이 노래한 구원은 '하나님의 지키심, 하나님의 건져 내심, 하나님의 역사하심, 하나님의 축복하심' 등이다. 즉 감사하는 자에게 구원을 보이시겠다는 것은 하나님이 친히 하나님 되심을 보이시겠다는 말이다.

감사는 하나님의 축복을 경험하게 한다. 감사할 때 하나님의 축복이 함께한다. 감사할 때 하나님의 능력이 역사하기 시작한다. 감사할 때 하나님의 평강이 우리 가운데 함께한다. 우리가 감사할 때 이러한 일들이 일어난다!

아삽은 "환난 날에 나를 부르라 내가 너를 건지리니 네가 나를 영화롭게 하리로다"(시 50:15)라고 노래했다. 힘들고 어려운 중에도 하나님 앞에 나아가 하나님을 부를 때, 다시 말해 하나님을 하나님으로 인정할 때 하나님이 친히 환난 가운데서 건지겠다고 약속하셨다. 감사가 있을 때 평범한 일상 가운데서도 하나님의 기적을 경험하게 된다.

예전에 소록도를 방문한 적이 있다. 소록도는 한센인들이 모여 사는 곳이다. 그곳에는 슬픈 역사가 있다. 지금은 한센병이 그렇게 큰 문제가 되지 않지만, 한센병의 치료제가 개발되지 않았던 오래전에는 환자들의 몸과 마음에 큰 아픔과 상처가 새겨지곤 했다. 한센병에 걸리면 가족들에게서 격리되고 사람들에게서 따돌림을 받아야 했다. 소록도는 한센병에 걸려서 어쩔 수 없이 따로 살게 된 사람들이 모인 한 맺힌 슬픔과 고통의 자리였다.

그곳 교회를 방문했을 때 여든 살의 집사님과 이야기를 나눌 기회가 있었다. 천형이라 불리던 한센병에 걸려 인생 막장으로 내몰린 사람들이 모인 곳에 하나님의 교회가 세워졌고, 그곳에서 환자들이 하나님의 놀라운 역사를 경험했다고 했다. 그가 막바지에 이런 말을 했다.

"여기까지 힘들게 오셨는데 소록도만 방문하지 마시고 지라도까지 한번 가 보시면 좋겠어요. 지라도에 가 봐야 감사가 뭔지 경험할 수 있지요."

"그래요? 그럼 가 봐야지요. 거긴 어떻게 갑니까?"

우리 일행은 뭣도 모르고 흔쾌히 가겠다고 나섰다. 그랬더니 그가 성경을 꺼내 하박국 말씀을 읽기 시작했다.

비록 무화과나무가 무성하지 못하며 포도나무에 열매가 없으며 감람나무에 소출이 없으며 밭에 먹을 것이 없으며 우리에 양이 없으며 외양간에 소가 없을지라도 나는 여호와로 말미암아 즐거워하며 나의 구원의 하나님으로 말미암아

88

기뻐하리로다(합 3:17-18).

다 읽고 나서 말했다.

"이 말씀이 바로 '지라도'입니다. 소록도에 온 것으로 완전
하지 않아요. 지라도까지 가야 해요. 저는 거기서 진정한 감사
와 하나님의 능력을 경험했어요."

그렇다. 힘들지라도, 어려울지라도, 고통 중에 있을지라도,
외로울지라도…. 그 '지라도' 가운데서 하나님의 능력을 경험
할 수 있다. 이것이 진정한 감사의 축복이다.

오늘 당신의 삶 가운데 그런 감사가 드려지고 있는가? 감사
를 통해서 하나님의 기적을 체험하고 있는가? 감사는 사람을
바꾼다. 감사는 상황을 바꾼다. 감사는 나를 바꾼다. 결국 감사
하는 자가 세상을 가진다.

감사를 훈련하는 세 가지 방법

어떻게 해야 감사를 잊지 않고 범사에 하나님을 인정할 수
있을까? 감사를 훈련하는 데는 세 가지 방법이 있다. 우리의
생각과 언어와 행동을 변화시키는 것이다.

첫째, 생각을 훈련해야 한다. 생각 훈련은 하나님의 말씀으
로 가능하다. 하나님의 말씀을 읽고, 듣고, 암송하고, 묵상하

고, 연구하는 등 자주 접함으로써 하나님의 생각과 하나님의 성품을 알고 깨달을 수 있다. 세상을 다스리고 주관하시는 주님이 내 삶에도 역사하신다는 사실을 깨닫고 고백하며 계속해서 하나님의 것들을 생각하는 훈련을 해야 한다. 하나님 말씀을 통해서 말이다.

우리를 불안하게 만드는 질문 중 하나는 이것이다.

"당신은 행복한가?"

이 질문을 접할 때마다 마음 한쪽에 왠지 모를 불안감을 느끼며 생각하게 된다.

"나는 정말 행복한가?"

억지로라도 행복하다고 가장할 수도 있지만, 질문을 듣는 순간 행복하지 못한 여러 가지 이유를 자연스럽게 생각하게 된다.

우리는 행복하면 감사할 것이라고 생각한다. 그러나 그렇지 않다. 순서가 바뀌었다. 감사하면 비로소 행복해질 수 있다. 감사하다는 뜻의 영어 단어 thank의 어원은 '생각하다'라는 뜻의 think이다. 그렇다. 감사는 생각해야 하는 것이다. 하나님이 어떤 분이신지, 하나님이 가능케 하신 일, 하나님이 허락하신 일, 하나님이 함께하신 순간들 그리고 하나님이 주신 것들을 생각할 때 감사할 수 있다. 하나님에 대해 생각할 때 우리는 "당신은 행복한가?"라는 질문에 "감사하다!"고 답할 수 있다.

둘째, 언어 훈련을 해야 한다. 이것은 마음에 있는 것을 입으로 고백하는 훈련이다. 내 안에 있는 감사의 마음을 바깥으로 표현하는 것이다. 감사는 마치 씨앗과도 같다. 씨앗이 뿌려진 곳에 꽃이 피고, 향기가 나고, 열매가 맺힌다. 그에 반해 원망과 불평은 마치 쓰레기와도 같다. 모이는 곳마다 악취가 난다. 보기가 싫다. 파리가 모인다.

어떤 것은 직접 소유해야 내 소유가 된다. 그런데 입술의 고백만으로도 소유할 수 있는 것이 있다. 바로 감사다. 감사를 고백할 때 감사는 이미 내 것이며 감사의 고백대로 삶이 변화한다.

처음 영어를 배울 때 제일 많이 외웠던 문장이 "Fine, thank you. And you?"가 아닐까 싶다. "How are you?"라는 질문을 들으면 반사적으로 대답한다. "Fine, thank you. And you?"라고. 미국에서 교통사고를 당하면 경찰이 와서 괜찮은지 묻는다. 그러면 이따금 한국 사람들이 피를 흘리면서도 "Fine, thank you. And you?"라고 대답해 문제가 되기도 한다. 그러나 감사의 인사가 습관이 되면 여러 가지 힘든 일을 만나도 이겨 낼 힘이 생기지 않을까? 어떤 상황 속에서도 여전히 역사하시는 하나님 때문에 나는 괜찮다고 고백하는 것일 수 있을 테니 말이다.

하루는 24시간, 초로 환산하면 8만6천4백 초다. 그중에서 당신은 몇 초, 아니 1초라도 감사하며 살고 있는가? 성경은 감사함으로 기도하라고 말한다. 하나님께 감사하는 간단한 기도 훈련을 통해 우리는 감사를 소유하게 된다. 간구뿐 아니라 넘치는 감사가 나를 감사하는 자로 만든다.

셋째, 행동 훈련을 해야 한다. 생각과 언어뿐 아니라 실제로 행동하는 훈련이 필요하다. 행동으로 감사를 표현하는 것, 이것은 봉사를 말한다. 나보다 어려운 사람들을 찾아가 섬기는 것이다. 봉사를 통해서 우리는 더 감사하게 된다. 그들의 고통을 보면서 나의 연약함을 발견한다. 역경 속에서도 행복해 하고 감사해 하는 사람들의 삶을 보면서 우리 자신을 돌아보게 된다.

얼마전 교회 청년들과 함께 연탄 배달 봉사를 했다. 판자촌에 연탄을 직접 나르는 과정에서 새로운 감동이 있었다. 어려운 삶의 자리에 있는 그들을 보면서 내 삶에 주어진 많은 것들에 감사할 수 있었다. 어려운 중에도 하나님 앞에 나아가며 삶 가운데 빛을 비추는 모습을 보면서 감사했다.

선교지를 방문해 본 적이 있는가? 병원의 중환자실이나 집중치료실에 가 본 적이 있는가? 장례식에 참석해 본 적이 있는가? 그런 곳에서 깨달음을 얻을 수 있다. 우리에게 감사할 이유가 얼마나 많은지를 말이다. 감사를 잃었다면 그런 곳을 찾아가 어렵고 힘든 사람들, 아픈 사람들을 섬겨 보라.

고(故) 강영우 박사를 기억하는 사람들이 많을 것이다. 그는 중학교 때 실명했지만 미국에서 유수 대학을 졸업했고, 미국 정부에서 중요한 직책을 맡아 많은 이들에게 큰 도전과 영향을 주었다. 그런데 그가 췌장암으로 세상을 떠나기 전에 지인들에게 보낸 유서 같은 편지가 많은 사람들의 심금을 울렸다. 편지에서 그는 자기 삶을 나누며 하나님이 주신 축복에 대해 이야기했다. 그리고 자신이 해 왔던 일들을 담담히 고백하며, 가족들의 마음을 전했다. 글의 마지막 부분에 그가 이렇게 적었다.

"두 눈을 잃었지만 저는 한평생을 살면서 너무나 많은 것을 얻었습니다. 늘 여러분의 곁에서 함께하며 이 세상을 조금 더 아름다운 곳으로 만들기 위해 노력하고 싶은 마음이 너무나 간절하나 안타깝게도 그럴 수 없는 것이 현실입니다. 최근 여러 번 수술과 치료를 받았으나 앞으로 제게 허락된 시간이 길지 않다는 것이 의료진들의 의견입니다.

여러분들이 저로 인해 슬퍼하거나 안타까워하지 않으셨으면 좋겠습니다. 아시다시피 저는 누구보다 행복하고 축복받은 삶을 살아오지 않았습니까? 하나님의 축복으로 끝까지 주변을 하나둘 정리하고, 사랑하는 사람들에게 작별 인사할 시간을 허락 받았습니다.

한 분, 한 분 찾아뵙고 인사드려야 하겠지만 그렇게 하지 못하는 점, 너그러운 마음으로 이해해 주시기 바랍니다. 여러분으로 인해 제 삶이 더욱 사랑으로 충만했고 은혜로웠습니다. 감사합니다."

나는 편지의 맨 마지막 부분이 마음에 깊이 와 닿았다.

"여러분으로 인해 제 삶이 더욱 사랑으로 충만했고 은혜로웠습니다. 감사합니다."

그의 편지를 읽으면서 애니 딜라드(Annie Dillard)가 한 말이 생각났다. 그녀는 《자연의 지혜》(Pilgrim at Tinker Creek)에서 이렇게 말했다.

"나의 죽는 순간 드리는 기도가 '제발'이 아니라 '감사합니다'가 되어야 한다고 생각한다. 떠날 때 문간에서 손님이 주인에게 감사의 뜻을 표하듯이 말이다."

그렇다. 삶의 끝자락에서 우리 모두 감사의 기도를 드릴 수 있기를 소원한다. 모든 삶이 감사의 제사가 되길 바란다. 감사의 제목이 수없이 많음에도 불구하고, 어느 순간 감사를 잃어버리고 나도 모르는 사이에 불평과 원망과 의심과 경계로 마음을 채우고 있었다면 눈을 들어 하나님을 바라보기를 원한다. 메말라 있던 나의 삶에 다시금 감사의 샘이 터져 나오고, 어떤 상황에 있을지라도 감사하는 사람이 되기를 기도한다.

:

감사는 마치 씨앗과도 같다.

씨앗이 뿌려진 곳에 꽃이 피고,

향기가 나고, 열매가 맺힌다.

감사를 고백할 때 감사는

이미 내 것이며

감사의 고백대로 삶이 변화한다.

:

chapter 6

고독

: 혼자라고 생각하는 사람들에게

고독은
하나님의 훈련캠프다

"가끔 몹시도 피곤할 때면, 기대어 울고 위로받을 한 사람이 갖고 싶어진다. 나는 생후 한 번도 위안자를 갖지 못했다. 고독이 가슴속에서 병균으로 번식했다."

전혜린의 《이 모든 괴로움을 또 다시》에 나오는 문장이다. 그녀는 고독을 병균에 비유하며 가슴속에서 번식하는 고독의 극치를 표현했다. 생후 한 번도 위안자를 갖지 못했다니, 과연 그럴 수 있을까? 단 한 명도 그녀에게 위안을 준 사람이 없다는 것이 가능한가? 아마도 누군가 위로해 주었을 것이다. 다만 너무 깊은 외로움에 빠져 있는 나머지 그것이 그에게는 별다른 위안이 되지 못했고, 결국 생후 한 번도 위안자를 갖지 못했다고 고백한 것이 아닐까? 그 어떤 것도 위안이 되지 않을 만큼 깊은 상처를 가지고 있었던 것은 아닐까.

외로움과 고독의 차이

'외로움'을 국어사전에서 찾아보면 "홀로 되어 쓸쓸한 마음이나 느낌"이라고 적혀 있다. 그러나 우리는 알고 있다. 혼자 되지 않아도 시시때때로 쓸쓸하다는 것을…. 많은 사람들 가운데 있어도 외롭다. 심지어 가장 가까운 사람들과 함께 있어도 외로움이 불쑥 밀려오기도 한다.

집에 돌아와서 텅 빈 방에 불을 켜는 순간 엄습해 오는 외로움이 있다. 사랑하는 이를 주님 품에 먼저 보내고 혼자 남겨졌다는 외로움에 빠질 때가 있다. 인생의 무게에 짓눌려도 어느 누구에게도 마음을 터놓을 수 없어 외로울 때가 있다. 때로는 누군가와 이야기하고 싶어 전화기를 집어 들지만, 주소록에 입력된 수많은 이름들을 아무리 훑어 봐도 딱히 전화 걸 데가 없기도 하다. '이 사람은 이래서 안 될 거야' '저 사람은 저래서 어렵겠지?' 하나둘 넘기다 보면 결국 아무도 남지 않는다. 그렇게 많은 이름들 중에 단 한 사람이 없다니…. 그 순간 더 큰 외로움에 빠져든다.

예수님도 외로우셨다. "여우도 굴이 있고 공중의 새도 거처가 있으되 인자는 머리 둘 곳이 없다"(마 8:20)고 토로하시기도 했다. 제자 중에 많은 사람이 떠나가고 다시 주님과 함께 다니지 않을 때 예수님이 열두 제자에게 "너희도 가려느냐"고 물으셨다(요 6:66-67). 여기서 우리는 예수님의 외로움을 발견한다. 어느 누구에게서도 이해받지 못한 채 갈보리 십자가에 달리신 예수님만큼 깊은 외로움을 경험한 사람이 또 있을까?

세상에 외롭지 않은 사람은 없다. 젊은이들은 외롭지 않기 위해서 결혼한다고 말한다. 그런데 결혼한다고 외로움의 문제가 해결되던가? 결혼한 사람들은 다 안다. 결혼한 후에도 여전히 외롭다는 것을⋯. 우리 내면에는 본연의 깊은 외로움이 있다. 어느 누구로도 채울 수 없는 외로움 말이다.

때로는 하나님으로부터도 버려져 혼자 남겨진 것 같은 외로움을 느끼기도 한다. 주님의 이름을 불러도 응답하지 않으시는 것 같다. 시편 기자도 그런 외로움 가운데 있었다. 부모는 그를 버렸고, 지금은 원수들에 에워싸였다. 외로움은 두려움과 불안을 가져다주지만, 시편 기자는 그것을 뚫고 눈을 들어 하나님을 바라봤다.

> 내가 여호와께 바라는 한 가지 일 그것을 구하리니 곧 내가 내 평생에 여호와의 집에 살면서 여호와의 아름다움을 바라보며 그의 성전에서 사모하는 그것이라(시 27:4).

그는 외롭고 힘들고 어렵지만 그래도 주를 바라보고 주의 전을 사모한다고 고백한다. 그렇다. 혼자 있는 외로움은 고통이다. 그러나 하나님 앞에 혼자 있는 고독은 오히려 즐거움이다. 외로움은 사람에게서 멀어지는 것이지만 고독은 하나님께 가까이 가는 것이다. 외로움은 사람 앞에 혼자됨이다. 그러나 고독은 하나님 앞에 혼자 있는 것이다.

외로운가? 북적되는 식구들 가운데서도 여전히 나 혼자라는 아픔이 있는가? 그렇다면 홀로 있는 그곳에서 나와 함께하시는 하나님을 만날 때다.

고독, 하나님의 훈련캠프

하루가 어떻게 가는지 모를 정도로 바쁜 일상을 살다 보면 정신이 없다. 그러나 혼자가 되면 외로움을 느끼고 그곳에서 홀로 하나님을 만나게 된다. 사람들을 사랑하기에 앞서 나를 사랑하신 하나님을 만나야 한다. 내가 사람들을 자유케 하기 전에 나를 자유케 하신 하나님을 만나야 한다. 사람들에게 말을 건네기 전에 내게 말씀하시는 하나님의 음성을 먼저 들어야 한다.

> 너희는 내 얼굴을 찾으라 하실 때에 내가 마음으로 주께 말하되 여호와여 내가 주의 얼굴을 찾으리이다 하였나이다
> (시 27:8).

시편 기자도 외로움 가운데 하나님 앞에 홀로 섰다. 그리고 이렇게 고백한다.

"하나님, 내가 주를 찾습니다! 하나님, 내가 주의 이름을 부릅니다!"

이렇게 고독은 우리로 하여금 하나님을 찾도록 만든다.

예수님의 삶에서도 고독의 영성을 찾을 수 있다. 그분의 삶에 자주 등장하는 단어들이 있다. "예수님이 혼자 계셨다", "홀로 기도하셨다", "따로 한적한 곳에 나가셨다" 등등 성경은 예수님이 외로움 가운데 늘 혼자 계셨다고 말한다. 하지만 그것은 결코 단순히 외롭기만 한 시간이 아니었다. 예수님이 하나님을 만나는 시간이었다. 외딴 곳, 한적한 곳에서 예수님은 하나님을 만나 교제하셨던 것이다.

사람들은 대개 외적인 외로움을 통해 내적인 공허함을 경험한다. 그러나 성경은 우리가 하나님 앞에 혼자 서는, 내적인 홀로 섬이 있을 때 내적 충만을 경험할 수 있다고 가르친다. 내적 충만은 어떤 상황 속에서도 하나님 앞에 여전히 혼자 설 수 있는 내적 풍성함을 의미하며, 이것이 우리 삶을 주관하고 삶에 힘과 새로운 능력을 준다.

지금 외로움 가운데 있는가? 그렇다면 나를 창조하고 나를 사랑하시는 하나님 앞에 서라. 하나님 앞에 더 가까이 나아가 그분을 찾으라. 고독은 하나님을 만날 수 있는 절호의 기회다. 고독 가운데 하나님이 말씀하시고 응답하시고 당신의 음성을 들려주신다.

고독은 우리 자신을 돌아보게 한다. 고독해야 우리는 이런 질문을 한다.

"나는 누구인가?"

빡빡하게 짜인 스케줄을 소화하다 보면 외로울 새가 없지만 홀로 남겨졌을 때에야 비로소 치열한 경쟁 속에서 정말 중요한 것을 놓치고 살아왔다는 것을 깨닫게 된다. 나의 소유보다, 내 사역의 열매보다 더 소중한 본연의 내 모습을 되찾고 자신을 돌아보게 되는 것이다. 그때 우리는 사람의 판단과 평가 앞이 아닌 하나님 앞에 선 자신을 발견하게 된다. 그리고 인생에서 진정으로 중요한 것, 가치 있는 것이 무엇인지 깨닫게 된다.

그래서 우리 인생에 광야가 필요한 것인지도 모른다. 하나님 앞에 홀로 나아가 깊은 교제 가운데 그분을 만나고, 그곳에서 본연의 모습을 깨달으며, 뒤처지지 않기 위해 앞만 보고 달렸던 자신의 내면을 잠잠히 들여다 볼 수 있다.

사람들은 인생에서 의미 있는 관계를 갈망한다. 그래서 사랑을 주는 관계, 사랑을 받는 관계, 마음을 기쁘고 즐겁게 해 주는 따뜻한 관계 등 수많은 관계들을 맺으려 노력한다. 그리고 그런 관계를 통하여 외로움을 떨친다고 생각한다. 하지만 의미 있는 관계가 의존의 관계로 넘어가는 순간 우리는 또다시 외로워지고 본연의 실존적 고독을 경험하게 된다. 누구도 함께 갈 수 없는 인생길을 경험한다. 한때 영원할 것 같았던 관계도 아무런 도움이 안 되는 것을 발견한다. 결국 하나님 앞에 홀로 설 수밖에 없다는 사실을 깨닫는 것이다.

하나님은 고독을 통해 그분을 의존하는 훈련을 시키신다. 우리는 고독한 시간을 지나며 하나님을 의존하는 법을 배운다. 하나님 앞에 나아와 그분을 의지하며 하나님이 나의 주가 되시고 나의 하나님이 되신다는 믿음의 고백을 드린다. 우리 힘으로는 어떻게 할 수 없는 관계와 삶의 모든 것들을 주 앞에 내려놓고 전심으로 주를 의지하는 것, 이것이 바로 고독이 우리에게 주는 놀라운 축복이다.

시편 기자는 "이제 내 머리가 나를 둘러싼 내 원수 위에 들리리니 내가 그의 장막에서 즐거운 제사를 드리겠고 노래하며 여호와를 찬송하리로다"(시 27:6)라고 노래했다. 뿐만 아니라 "여호와여 주의 도를 내게 가르치시고 내 원수를 생각하셔서 평탄한 길로 나를 인도하소서"(시 27:11)라고 노래했다. 그는 자기 삶을 주께 맡기고 인도하심을 구하며 인생에서 진정으로 의지할 분은 오직 주님밖에 없음을 고백했다.

고독은 우리로 하여금 하나님께 의존하게 한다. 외로움을 지나 고독의 길로 들어선 사람이 있는가? 지금 바로 삶의 주관자 되시는 하나님께 나아가 자신의 연약함과 부족함과 무거운 짐을 다 내려놓고 그분께 맡기며 의지하라. 하나님이 친히 길을 인도하고 순탄하게 해 주시기를 바란다고 기도하라.

고독으로 하나님과 독대하라

고독의 영성은 어떻게 얻을 수 있을까?

첫째, 하나님 앞에서 고요하게 잠잠히 침묵하라. 침묵은 말을 안 하는 것이 아니라 더 잘 듣기 위해 입을 다무는 것이다. 각종 소음으로 가득 찬 일상을 떠나 침묵하라. 고요함 가운데 있을 때 우리는 비로소 기다릴 수 있기 때문이다. 시편 기자도 "너는 여호와를 기다릴지어다 강하고 담대하며 여호와를 기다릴지어다"(시 27:14)라고 말했다.

바쁜 일정에 쫓겨 쉬이 기다리지 못하는 우리에게, 많은 일을 처리하느라 고요할 틈이 없는 우리에게 주님이 침묵하며 기다리라고 말씀하신다. 고요, 고독, 침묵, 기다림…. 지금 우리에게 꼭 필요한 것들이 아닌가 싶다.

둘째, 시간을 들여 하나님을 만나고 하나님을 생각하는 묵상을 하라. 묵상 중에 하나님의 음성을 들을 수 있다. 삶을 주관하시는 하나님의 인도하심을 경험하게 된다. 하나님의 임재를 경험하고 그분 앞에서 더욱 민감해진다.

내가 산 자들의 땅에서 여호와의 선하심을 보게 될 줄 확실히 믿었도다(시 27:13).

시편 기자는 외로움 가운데 하나님을 만났다. 그는 자기가 원하는 한 가지는, "평생에 여호와의 집에 살면서 여호와의 아름다움을 바라보며 그의 성전에서 사모하는 것"(시 27:4)이라고 고백했다. 주님과 함께 있기를 사모한 것이다. 또한 그는 이 땅에 여호와의 선하심이 확실히 있음을 믿었다.

힘들고 어려운 상황에 처해 있는가? 아무도 나를 이해해 주지 못하는 외로움과 고독 가운데 있다면 하나님 앞에 나아가라. 거기서 하나님을 만나라. 바쁜 일정 중에도 침묵 가운데 하나님 앞에 잠잠히 서 있어 보라. 침묵과 묵상을 통해 하나님을 만나라.

누구나 인생을 살면서 외로운 시간을 경험하게 된다. 관계 가운데서 어쩔 수 없이 혼자 있게 되는 외로움이 있는가 하면 실존적 외로움으로 혼자일 수밖에 없는 자신을 발견하기도 한다. 그때 외로움에 매몰되지 않고 하나님과 독대할 수 있는 고독의 영성에 다다를 수 있기를 바란다. 고독을 통해 하나님을 만나고, 하나님을 의존하며 의지하는 삶을 배우길 원한다. 복잡하고 소란스러운 세상 속에서도 침묵하며 잠잠히 주님을 기다리고, 고요한 중에 하나님을 생각하며 주님의 음성에 귀를 기울일 수 있기를 간절히 소망한다.

chapter 7

인내

: 어려움이 닥친 사람들에게

버티는 것이 아니라
기다리는 것이다

사람은 살아가면서 세 가지 후회를 한다고 한다. 첫째는 좀 더 즐겁게 살 걸, 왜 그렇게 짜증내고 힘들게 살았는지 모르겠다며 후회한단다. 둘째는 좀 더 베풀며 살 걸, 그렇게 살지 못했다며 후회한다고 한다. 어차피 가져가지도 못할 텐데 좀 더 나누고 베풀지 못한 것을 후회하는 것이다. 셋째는 좀 더 참고 살 걸 하며 후회한단다. 그 순간을 참지 못해서 평생 가슴을 치며 후회하는 사람들을 어렵지 않게 만나볼 수 있다.

고난 속에서 더 빛나는 것

나라마다 지방마다 문화가 다르지만 어디에서나 중요하게 인식되는 가치가 있다면 그것은 바로 인내가 아닌가 싶다. 국어사전은 인내를 "괴로움이나 어려움을 참고 견딤"이라고 정의하고 있다. 우리에게 인내라는 가치가 소중하게 다가오는 이유도 바로 이 때문일 것이다. 우리 인생에 수많은 괴로움과 어려움이 없다면, 즉 고통이 없다면 인내가 이처럼 중요한 덕

목으로 강조되지는 않았을 것이다.

야고보는 "내 형제들아 너희가 여러 가지 시험을 당하거든 온전히 기쁘게 여기라"(약 1:2)고 말했다. 언뜻 보면 시험을 당할 수도 있고 그렇지 않을 수도 있는 것 같다. 하지만 헬라어 원문을 보면 "너희가 여러 가지 시험을 당할 때마다"라고 구체적으로 말하고 있음을 알 수 있다. 바꾸어 말하면 우리 인생에 이런 시련과 고통이 반드시 존재한다는 것이다. 누구도 이것을 피할 수 없다.

시험의 종류는 다를 수 있지만, 누구든지 시련을 만나면 힘들게 마련이다. 이것만 지나면 괜찮겠지 했는데 또 다른 시련이 기다리고 있을 때가 얼마나 많은가. 여러 모양의 고통과 괴로움이 우리 삶에 끊임없이 계속된다. 어떤 사람은 경제적인 어려움 때문에 힘들다. 어떤 사람은 어그러진 관계 때문에 고통을 겪는다. 그런가 하면 느닷없이 찾아온 건강 문제가 괴로움을 주기도 한다. 때로는 앞이 보이지 않는 미래가 우리를 절망 속에 빠뜨리기도 한다.

그런 우리를 향해 야고보는 "인내를 온전히 이루라"(약 1:4)고 말한다. 결코 쉽지 않은 일이라는 것을 안다. 그래서 어떤 사람은 "인내를 배우는 데는 인내심이 필요하다"고 말하기도 한다. 쉽지 않지만 그리스도인이라면 반드시 한 번은 통과해야 할 인내에 관하여 살펴보자. 어떻게 하면 인내를 온전히 이룰 수 있을까.

믿음으로 인내를 이루라

　　이는 너희 믿음의 시련이 인내를 만들어 내는 줄 너희가 앎
　　이라(약 1:3).

인생에 시련과 고통과 아픔이 닥칠 때 믿음이 드러난다. 그
리고 시련에 믿음이 더해질 때 인내가 만들어진다. 시련을 믿
음으로 바라볼 때 인내할 수 있다는 뜻이다.
　이어지는 말씀에서 하나님의 의도를 발견할 수 있다.

　　이는 너희로 온전하고 구비하여 조금도 부족함이 없게 하
　　려 함이라(약 1:4).

우리가 온전하고 성숙하게 구비되어 부족함이 없게 하기
위해서 인내해야 한다. 사도 바울도 같은 뜻의 말을 했다.

　　우리가 알거니와 하나님을 사랑하는 자 곧 그의 뜻대로 부
　　르심을 입은 자들에게는 모든 것이 합력하여 선을 이루느

니라(롬 8:28).

하나님의 뜻은 우리를 향한 축복이다. 그것은 마음먹은 것으로 끝나지 않고, 선을 이루는 것으로 나타난다. 하나님의 의도대로 주님의 선하심이 우리 가운데 이루어지도록 역사하신다는 것이다. 그렇다. 우리가 힘들고 어려운 중에도 낙망하지 않고 승리할 수 있는 이유는 바로 이 믿음 때문이다. 모든 것이 하나님이 내게 선을 이루기 원하시는 과정임을 믿는 믿음이다. 하나님의 선한 의도에 대한 믿음이다. 그리고 그 일을 위해서 지금 보이지는 않지만 내 삶에 운행하고 계시는 하나님의 역사하심에 대한 믿음이다. 이 믿음이 있기에 우리는 인내할 수 있다.

다 이해되지 않을 수 있다. 아니, 받아들이기 힘들 수 있다. 너무 힘들고 아프기 때문이다. 그러나 그럼에도 불구하고 흔들리지 않을 수 있다. 하나님의 선하심을 믿는다면 말이다. 모든 것을 통해서 선을 이루시는 하나님이 지금도 내 삶 가운데 움직이고 계시다는 철저한 신뢰가 있다면 우리는 견딜 수 있다. 믿음의 힘으로 시련을 이겨 낼 수 있다.

유명 여류 시인 루스 컬킨은 〈고통의 기진함〉이라는 시에서 이렇게 기도했다.

"오늘 주여, 저는 흔들리지 않는 확신을 얻나이다.

긍정적인, 든든한 확신을.

주님께서 저에게 말씀하신 그것이

절대 변하지 않는 진심임을.

그러나 오늘은 주여,

나의 병든 몸이 힘을 얻으며

저의 찌르는 고통도 가라앉음을 느끼나이다.

내일에는 다시금 나에게 어려움이 닥쳐올지라도,

고통 속에 기진하며

몸이 틀리는 고통이 찾아와 숨을 쉴 수 없고

끝내는 마지막 소망의 싹까지 고통이 삼켜 버릴지라도

그때에도 믿을 수 있는,

보지 않고도 당신의 보이지 않는 손길을 붙잡고

절대 움직이지 않는 신뢰로써

당신의 아침을 기다리도록

저에게 은총을 허락하여 주소서."

때로 침묵하시는 하나님께 이렇게 묻곤 한다.

"하나님, 언제까지입니까? 이 고통 가운데 언제까지 기다려
야 합니까?"

"너무 힘듭니다. 너무 아픕니다. 하나님은 어디에 계십니

까? 도대체 언제 움직이실 겁니까?"

그러나 시인의 고백처럼 보이지 않는 하나님의 손을 붙잡고, 절대 움직이지 않는 신뢰를 가지고, 다가오는 하나님의 아침을 기다리는 것, 이것이 바로 온전한 인내의 모습이 아닐까? 비록 눈에 보이진 않지만, 보이지 않는 손으로 지금도 내 삶 속에 선을 이루기 위해 일하고 계시는 하나님의 능력에 대한 믿음이 있다면, 광야에서 젖과 꿀이 흐르는 하나님의 땅을 향해 나아갈 수 있다. 다 알 수는 없지만 하나님의 때에 하나님의 방법으로 이루실 것을 절대적으로 신뢰하며 상황을 헤쳐 나갈 수 있다.

> 우리가 선을 행하되 낙심하지 말지니 포기하지 아니하면 때가 이르매 거두리라(갈 6:9).

소망으로 인내를 이루라

인내를 온전히 이루라고 했는데, '온전히'란 '완전하게, 끝까지, 마지막까지'가 아닌가. 인내를 끝까지 다 이루라는 뜻이다. 어떻게 그럴 수 있을까?

야고보는 "그러므로 형제들아 주께서 강림하시기까지 길이 참으라 보라 농부가 땅에서 나는 귀한 열매를 바라고 길이 참

112

아 이른 비와 늦은 비를 기다리나니 너희도 길이 참고 마음을 굳건하게 하라 주의 강림이 가까우니라"(약 5:7-8)라고 기록하고 있다. 짧은 두 구절에 '길이 참으라'는 말씀이 세 번이나 반복해서 나온다. 끝까지 참아 인내를 완성하라는 얘기다. 바꾸어 말해 인내를 온전히 이루라는 것이다.

농부가 이른 비와 늦은 비를 어떻게 기다리는지 아는가? 이스라엘은 석회질이 많은 땅이다. 그래서 맨땅에는 경작을 할 수가 없다. 이른 비가 내려야 땅이 부드러워지고, 그때 비로소 땅을 기경하고 씨를 뿌릴 수 있다. 또 늦은 비가 있어야 곡식이 자란다. 그렇다고 농부가 아무것도 안 하고 하늘만 쳐다보고 있는 것은 아니다. 비가 왔을 때 부지런히 움직여야 한다. 땅을 기경하고 씨를 뿌려야 한다. 그것들이 자랄 수 있도록 땀 흘리며 수고해야 한다. 즉 자기가 할 일을 하면서 기다리는 것이다.

인내는 아무것도 하지 않고 그냥 이를 악물고 버티는 것이 아니다. 단순히 그 자리에 머물며 참는 것이 아니다. 괴로워하면서 불평하는 것이 아니다. 성경이 말하는 인내는, 내가 있는 그곳에서 소망을 가지고 간절히 바라며 기다리는 것이다. 소망이 있을 때 우리는 인내할 수 있다. 인내란 단순한 기다림이나 버티는 것이 아니라 간절히 사모하며 소망 가운데 기다리는 것이다.

이사야 선지자가 이것을 가장 잘 나타냈다.

> 오직 여호와를 앙망하는 자는 새 힘을 얻으리니 독수리가
> 날개치며 올라감 같을 것이요 달음박질하여도 곤비하지 아
> 니하겠고 걸어가도 피곤하지 아니하리로다(사 40:31).

'앙망하다'는 말을 히브리어로 보면 단순히 바라는 것이 아
니라 '간절히 사모하며 기다리는 것'을 의미한다. 소망을 하나
님께 둔 사람은 새 힘을 얻는다. 독수리가 날개 치며 올라가는
것 같고, 뛰어가도 피곤하지 않을 것이다. 어떤 상황도 이겨
낼 수 있는 힘을 가졌기 때문이다.

오스트리아에서 태어난 유대인 정신과 의사 빅터 프랭클
(Viktor Frankl)은 1942년 나치스에게 체포되어 강제수용소로 끌
려갔다. 3년 동안 아우슈비츠, 즉 죽음의 수용소에서 죽음의
위협에 노출된 채 지냈다. 그동안 그는 사람들을 어떻게 도울
수 있는지 깨달았다. 그곳에서의 경험을 바탕으로 로고테라피
(Logotherapie)라는 새로운 분야를 개척했다. 그의 책《죽음의 수
용소에서》에서 그는 1944년 성탄절부터 1945년 새해에 이르
기까지 일주일간 사망률이 일찍이 볼 수 없었던 추세로 급격
히 증가했다고 증언한다. 그때 더 많은 유대인이 가스실로 이
동됐던 것도 아니다. 음식이 떨어지거나 새로운 전염병이 퍼

졌던 것도 아니다. 노동 조건이 더 가혹해지거나 기후의 변화가 있었던 것도 아니다. 빅터 프랭클은 이렇게 썼다.

"대부분의 수감자들이 성탄절에는 석방되어 집에 갈 수 있을 것이라는 막연한 희망을 품고 있었기 때문이었다. 그 시간이 다가오는데도 희망적인 뉴스가 들리지 않자 용기를 잃었고 절망감이 그들을 덮쳤다. 그들의 저항력에 위험한 영향을 끼쳤고, 그중 많은 사람들이 사망하기에 이르렀다."

소망이 사라질 때, 간절히 바라던 것이 사라질 때 생명도 사그라들고 만다. 소망이 우리로 견디게 한다. 그래서 사도 바울이 이렇게 말했다.

> 다만 이뿐 아니라 우리가 환난 중에도 즐거워하나니 이는 환난은 인내를, 인내는 연단을, 연단은 소망을 이루는 줄 앎이로다(롬 5:3-4).

인내와 연단이 소망을 이룬다. 소망 때문에 인내가 자라며, 소망 때문에 인내를 온전히 이룰 수 있다. 현재의 고난은 장차 나타날 영광, 우리에게 주어질 상속권과는 비교할 수 없다(롬 8:18). 현재의 고난이 아무리 커도 미래에 대한 소망이 있기에 능히 견딜 수 있다는 것이다.

사랑으로 인내를 이루라

상황뿐 아니라 관계에서도 인내가 필요하다. 사랑이 없으면 인내할 수 없다(고전 13:4). 성경에서 '오래 참다'라는 단어를 찾아보면 '하나님'과 함께 쓰인 데가 가장 많다. 인내, 오래 참음은 하나님의 중요한 성품 중 하나다.

> 여호와께서 그의 앞으로 지나시며 선포하시되 여호와라 여호와라 자비롭고 은혜롭고 노하기를 더디하고 인자와 진실이 많은 하나님이라(출 34:6).

하나님은 노하기를 더디 하시는 분이다. 진노하시기까지, 심판하시기까지 오래 기다리고 오래 참으신다. 베드로가 이에 대해 잘 말하였다.

> 주의 약속은 어떤 이들이 더디다고 생각하는 것 같이 더딘 것이 아니라 오직 주께서는 너희를 대하여 오래 참으사 아무도 멸망하지 아니하고 다 회개하기에 이르기를 원하시느니라(벧후 3:9).

이 땅에 오신 하나님의 아들 예수 그리스도도 오래 참으셨다. 죄인을 오래 참고, 제자들의 배신을 오래 참았고, 불의를 오래 참았고, 거역함을 오래 참으셨다. 오래 참으심의 절정은 갈보리 십자가다. 주님은 앞에 있는 즐거움을 위하여 오래 참음으로써 죄인들을 위해 자신의 생명을 내어 주셨다. 우리를 사랑하시기 때문이다. 사랑하면 인내할 수 있다.

시편 기자는 "여호와 앞에 잠잠하고 참고 기다리라 자기 길이 형통하며 악한 꾀를 이루는 자 때문에 불평하지 말지어다"(시 37:7)라고 말했다. 불평하고 짜증 내고, 할 것 다하면서 머물러 있는 것은 인내가 아니다. 인내는 믿음을 가지고 소망 중에 사랑으로 오래 참는 것이다. 그래서 사도 바울이 너희는 하나님이 택하사 거룩하고 사랑받는 자처럼 긍휼과 자비와 겸손과 온유와 오래 참음을 옷 입으라고 하였다(골 3:12).

지구촌교회에 부임하기 전에 섬기던 교회에서 송별회를 해주었다. 거의 모든 성도가 모였는데, 성도들이 한 사람씩 돌아가면서 내게 하고 싶은 말을 들려주었다. 많은 얘기를 들었지만 크게 두 가지로 모아졌다. 하나는 내가 심방 갔던 것을 기억하고 감사하는 것이었고, 또 하나는 화를 낼 수 있는 상황에서 화내지 않던 내 모습이 인상적이었다는 얘기였다. 처음 그 말을 들었을 때 깜짝 놀랐다. 그들이 다 보고 있었다는 사실을 깨달았기 때문이다.

그럴 만한 상황에서 그럴 만한 감정대로 반응할 수도 있지만, 사랑하기에 오래 참음으로 옷을 입고 기다리는 것이다. 그렇게 우리를 기다리신 하나님을 바라보면서 말이다. 그들을 이해해 주고, 그들이 성장하기까지 허물과 실수를 용납해 주는 것이다.

> 또 형제들아 너희를 권면하노니 게으른 자들을 권계하며 마음이 약한 자들을 격려하고 힘이 없는 자들을 붙들어 주며 모든 사람에게 오래 참으라(살전 5:14).

．
．

인내는 아무것도 하지 않고

그냥 이를 악물고 버티는 것이 아니다.

성경이 말하는 인내는

내가 있는 그곳에서

소망을 가지고 간절히 바라며

기다리는 것이다.

．
．

chapter 8

죽음

: 죽음이 두려운 사람들에게

죽음은
생명으로 통하는 문이다

우리 인생에 변하지 않는 절대적인 진리, 두 가지가 존재한다. 하나는 우리가 살아 있다는 것이요 또 하나는 우리가 죽는다는 것이다. 이것은 어느 누구도 부인할 수 없는 분명한 사실이다.

우리는 '죽겠다'는 말을 일상생활에서 꽤 많이 사용한다. 걸핏하면 죽겠다고 한다. 아파도 죽겠다고 하고, 피곤해도 죽겠다고 하고, 졸려도 죽겠다고 한다. 더워도 죽겠고 추워도 죽겠고, 배고파도 죽겠고, 배불러도 죽겠고, 미워 죽겠고, 예뻐 죽겠고, 슬퍼 죽겠고, 기뻐 죽겠고, 짜증 나 죽겠고, 좋아 죽겠고, 재밌어 죽겠고, 웃겨 죽겠고, 아까워 죽겠고, 궁금해 죽겠고, 답답해 죽겠고, 보고 싶어 죽겠다고 말한다.

죽음은 생명을 여는 문

말은 그렇게 하면서도 막상 죽음 앞에서는 심리적인 불편함을 감추지 못한다. 별로 생각하고 싶지 않고, 이야기하고 싶지도 않다. 왜 그럴까? 우리 안에 자신도 모르는 죽음에 대한 두려움이 존재하기 때문이다. 알지 못하는 미래에 대한 두려움이 있다. 이 세상을 떠날 때 모든 것을 내려놓고 가야 하는 상실에 대한 두려움이 있다. 사랑하는 사람들과 더 이상 함께 할 수 없다는 두려움, 관계의 단절에 대한 두려움이 있다.

그래서 인간은 죽음을 벗어나고자 노력한다. 불로초를 구하기 위해서 온갖 수단을 동원했던 진시황제의 이야기를 기억한다. 또 거대한 피라미드를 짓고 자기 몸을 미라로 만들어서 다시 살기를 원했던 이집트 왕들의 이야기도 기억한다. 그러나 죽음을 피해 갈 수 있는 사람은 아무도 없었다. 누구나 한 번은 죽음의 강을 건너야 한다.

죽음이 그토록 우리에게 두려움이 되고 불편한 이유는 우리 안에 죽음이 끝이라는 생각이 있기 때문이 아닌가 싶다. 죽으면 다 끝난다는 생각 말이다. 그런데 성경은 그게 아니라고 말한다. 죽음은 끝이 아니다. 죽음은 생명의 시작이다. 기독교는 생명의 종교다. 죽음을 통과하여 얻어지는 생명이다. 우리에게 영원한 생명을 주시는 하나님의 풍성한 축복이다. 그래서 죽음은 생명을 여는 문이다. 죽음은 생명으로 통하는 길인 것이다.

죽음으로써 영원히 살다

죽음이 어떻게 생명을 여는 문이 되는가? 죽음이 어떻게 생명으로 통하는 길이 되는가?

첫째, 죽음으로 우리가 영원히 살기 때문이다. 성경은 "하나님이 모든 것을 지으시되 때를 따라 아름답게 하셨고, 또 사람들에게는 영원을 사모하는 마음을 주셨다"(전 3:11)고 말한다. 사람들에게는 영원을 사모하는 마음이 있다. 영원하신 하나님을 찾는 마음이다. 그런데 그 마음에 죄가 들어왔다.

> 그러므로 한 사람으로 말미암아 죄가 세상에 들어오고 죄로 말미암아 사망이 들어왔나니 이와 같이 모든 사람이 죄를 지었으므로 사망이 모든 사람에게 이르렀느니라(롬 5:12).

사도 바울은 죄 때문에 사망이 임했으며, 누구에게도 예외가 없다고 말한다. 그러나 죽음은 끝이 아니다.

> 사망아 너의 승리가 어디 있느냐 사망아 네가 쏘는 것이 어디 있느냐(고전 15:55).

죽음은 오히려 또 다른 생명을 여는 문이 된다. 그래서 "죄의 삯은 사망이요 하나님의 은사는 그리스도 예수 우리 주 안에 있는 영생"(롬 6:23)이라고 말할 수 있는 것이다. 죽음을 통해서 우리는 영원한 생명을 얻는다. 이는 예수 그리스도의 죽으심을 통하여 주어졌다. 그러므로 죽음은 우리에게 영원한 생명의 문을 열어 주는 하나님의 은혜다.

> 또 증거는 이것이니 하나님이 우리에게 영생을 주신 것과 이 생명이 그의 아들 안에 있는 그것이니라(요일 5:11).

청교도 신학의 황태자로 불리는 존 오웬(John Owen)은 이것을 이렇게 표현했다.

"예수 그리스도의 죽음으로 사망이 죽었다."

(The Death of Death in the Death of Christ.)

그렇다. 죽음이 끝이 아니다. 죽음은 새로운 시작이다. 죽음은 생명이다. 사망 권세를 이기신 예수 그리스도의 부활로 인하여 우리도 영원한 생명을 얻었다. 그러므로 죽음을 통과하는 것은 영원한 생명을 향한 새로운 시작이 된다. 성경은 죽음을 마치 이곳에서 저곳으로 옮겨 가는 것과 같다고 말한다. 죽음은 인생의 거친 들에서 하룻밤 머무는 것이다. 그곳을 지나면 영원한 천국에서 영광스러운 주님과 함께 영생을 누릴 것이다.

어릴 적에 즐겨 했던 땅따먹기 놀이가 있다. 아이들이 나와서 땅 위에 줄을 긋고 서로 땅을 더 많이 차지하기 위해 힘썼다. 그러나 땅을 아무리 많이 얻었어도 어두워질 무렵 엄마가 밥 먹으라고 부르면 다 놓고 집으로 돌아갔다. 죽음도 이와 같다. 세상 모든 것을 두고 본향인 아버지 집으로 가는 것이다.

> 내가 사망의 음침한 골짜기로 다닐지라도 해를 두려워하지 않을 것은 주께서 나와 함께 하심이라 주의 지팡이와 막대기가 나를 안위하시나이다(시 23:4).

죽음 가운데 있다 할지라도 두려워하지 않는 이유는 주님이 나와 함께하시고 내가 아버지의 집에서 영원히 살 것이기 때문이다. 우리가 이 땅에서 드리는 예배가 우리에게 감격이 될진대 천군천사와 함께 드리는 천국 예배는 얼마나 더한 감격일까 상상해 보라. 기록된 하나님의 말씀을 보는 것만으로도 은혜가 되는데 장차 천국에서 하나님의 영광의 말씀을 직접 들으면 어떻겠는가? 석양이 아름답다 하지만 새 하늘과 새 땅을 여는 하나님의 전능하신 손길과 영광을 목도하는 것과 비교할 수 있을까?

우리에겐 천국의 소망이 있다. 예수님이 이에 대해 말씀하셨다.

> 너희는 마음에 근심하지 말라 하나님을 믿으니 또 나를 믿
> 으라 내 아버지 집에 거할 곳이 많도다 그렇지 않으면 너희
> 에게 일렀으리라 내가 너희를 위하여 거처를 예비하러 가
> 노니(요 14:1-2).

우리는 그곳에서, 더 이상 아픔도 슬픔도 고통도 없는 그곳
에서 영광의 주님과 함께 영원히 살 것이다.

죽은 오빠 나사로의 무덤에서 눈물을 흘리고 있는 마르다
에게 예수님이 물으셨다.

> 예수께서 이르시되 나는 부활이요 생명이니 나를 믿는 자
> 는 죽어도 살겠고 무릇 살아서 나를 믿는 자는 영원히 죽지
> 아니하리니 이것을 네가 믿느냐(요 11:25-26).

주님은 동일한 질문을 오늘 우리에게도 하신다. 세상 모든
걱정과 근심과 죽음의 두려움 가운데서 어찌할 바를 모른 채
무기력한 우리에게 그런 믿음이 있느냐고 물으신다.

"아멘! 주 예수여, 믿습니다! 나에게 영원한 생명이 있음을,
이 땅에서의 죽음은 끝이 아니라 더 나은 곳, 아버지 집으로
이사하는 것임을, 죽음은 하나님의 축복의 방편인 것을 믿습
니다."

죽음은 영생의 시작이다. 사도 바울의 고백처럼 내 안에 사는 이가 그리스도시니 죽는 것도 유익하다. 죽음으로 우리는 영원히 살 것이다.

죽음으로써 제자의 삶을 살아가다

둘째, 죽음으로써 제자의 삶을 살아간다. 마가의 말을 들어보자.

> 무리와 제자들을 불러 이르시되 누구든지 나를 따라오려거든 자기를 부인하고 자기 십자가를 지고 나를 따를 것이니라 누구든지 자기 목숨을 구원하고자 하면 잃을 것이요 누구든지 나와 복음을 위하여 자기 목숨을 잃으면 구원하리라(막 8:34-35).

예수님은 "누구든지 나를 따라오려거든 자기 십자가를 지고 자기를 부인하며 좇으라"고 말씀하셨다. 십자가를 지고 가는 길은 죽음을 향하는 길이다. 주님은 자기를 부인하라고 말씀하셨다. 자기를 부인함이란 나 자신을 향해 철저하게 죽는 것이다. 자기 십자가를 지고 주님을 따르는 제자가 되라는 말씀이다. 제자는 주와 복음을 위하여 자기 목숨을 버리는 사람이다.

사도 바울은 "내가 그리스도와 함께 십자가에 못 박혔나니 그런즉 이제는 내가 사는 것이 아니요 오직 내 안에 그리스도께서 사시는 것이라 이제 내가 육체 가운데 사는 것은 나를 사랑하사 나를 위하여 자기 자신을 버리신 하나님의 아들을 믿는 믿음 안에서 사는 것이라"(갈 2:20)라고 고백했다. 나는 죄 때문에 십자가에서 죽었고, 내 안에 그리스도가 사신다. 제자는 자기를 부인하고 그리스도와 함께 사는 사람이다. 그래서 사도 바울이 "그리스도 예수의 사람들은 육체와 함께 그 정욕과 탐심을 십자가에 못 박았느니라"(갈 5:24)라고 말했다. 제자는 세상 욕심과 정욕과 자신이 가진 모든 것, 자기 마음에 있는 모든 것을 십자가에 못 박음으로써 스스로 죽고 자신 안에 예수 그리스도가 사시게 하는 사람이다. 그는 날마다 자기 십자가를 지고 자기를 부인하며 주님을 좇아간다.

사도 바울은 "너희가 육신대로 살면 반드시 죽을 것이로되 영으로써 몸의 행실을 죽이면 살리니"(롬 8:13)라고 말하며 "이와 같이 너희도 너희 자신을 죄에 대하여는 죽은 자요 그리스도 예수 안에서 하나님께 대하여는 살아 있는 자로 여길지어다"(롬 6:11)라고 덧붙였다.

그리스도의 제자는 죽어야 사는 존재다. 자신이 죽고, 자기를 부인할 때 그리스도로 인해 새 생명을 입을 수 있다. 사도 바울이 고린도전서 15장에서 나는 날마다 죽는다고 고백한 것처럼 제자는 날마다 죽어야 살 수 있다.

C. S. 루이스(C. S. Lewis)는 《순전한 기독교》(Mere Christianity)의 마지막 장에서 "목숨을 얻기 위해 목숨을 버리라"고 말했다. 그는 이렇게 말했다.

"자신을 포기하면 진정한 자신을 얻으리라. 목숨을 잃으면 목숨을 구원하리라. 죽음, 즉 매일 자기 야망과 소원의 죽음, 결국에는 몸 전체의 죽음에 온전히 순응하면 영생을 얻으리라. 그 무엇도 움켜잡지 말라. 손에서 놓지 않는 것은 진정으로 우리 것이 될 수 없다. 우리 안에서 죽지 않는 것은 부활할 수 없다. 자신을 추구하면 결국에는 미움과 외로움과 괴로움과 절망과 분노와 파멸과 부패만 얻는다. 그러나 그리스도를 추구하면 그분을 찾을 뿐 아니라 나머지도 덤으로 따라온다."

내가 죽음으로써 내 안에 그리스도가 사신다. 내 정욕과 욕심을 십자가에 못 박고, 그리스도를 좇아가는 제자의 삶에 생명이 있다. 내가 죽음으로써 제자의 삶을 살 수 있는 것이다.

죽음으로써 생명을 살리다

셋째, 죽음은 생명을 살린다. 예수님이 말씀하셨다.

내가 진실로 진실로 너희에게 이르노니 한 알의 밀이 땅에 떨어져 죽지 아니하면 한 알 그대로 있고 죽으면 많은 열매를 맺느니라(요 12:24).

주님은 한 알의 밀이 떨어져 죽지 않으면 한 알 그대로 있지만, 죽으면 많은 열매를 맺는다고 말씀하셨다. 한 알의 죽음은 많은 열매를 맺기 위한 희생이다. 예수 그리스도도 한 알의 밀이 되어 죽으셨다. 그분의 죽음으로 수많은 사람이 생명을 얻었고 앞으로도 얻을 것이다.

우리가 한 알의 밀알이 되어 썩어 죽을 때 많은 열매를 맺게 된다. 우리가 죽음으로 말미암아 생명을 나누고, 생명을 전하고, 생명을 살릴 수 있다. 우리가 죽을 때 하나님의 복음이 증거된다. 우리가 죽을 때 이웃을 향한 사랑이 나타난다. 우리가 죽을 때 어려운 자들을 향한 봉사와 섬김이 빛을 발한다.

우리 가정에서 누가 한 알의 밀알이 되겠는가? 우리 공동체 가운데 누가 한 알의 밀알이 되겠는가?

천국 환송 예배를 드릴 때면 부르는 찬송이 있다. 〈하늘 가는 밝은 길이〉(새찬송가 493장)라는 곡이다. 이것이 우리의 고백이 되길 바란다.

하늘 가는 밝은 길이 내 앞에 있으니

슬픈 일을 많이 보고 늘 고생하여도
하늘 영광 밝음이 어둔 그늘 헤치니
예수 공로 의지하여 항상 빛을 보도다

이웃에게
영적 파워가
있는가?

chapter 9

관계

: 자기중심적인 관계의 사람들에게

하나님과의 관계가
먼저다

살다 보면 내 생각대로, 내 기대대로 되지 않는 것들이 있다. 인간관계도 그중 하나다. "열 길 물속은 알아도 한 길 사람의 속은 모른다"는 속담처럼 사람의 마음을 알기란 쉽지 않다. 사람이 우리를 기쁘게도 하고 힘들게도 한다. 가장 소중하고 아름다운 것도 사람이요 내게 고통을 주는 가장 밉고 힘든 상대도 사람이다.

관계가 삶의 질을 결정한다고 해도 과언이 아니다. 많이 소유했다고 해도 관계가 좋지 못하면 행복할 수 없다. 많은 일을 이루었다 할지라도 관계가 나쁘면 불행하고 힘들다. 그러나 좋은 관계를 맺고, 잘하고 싶어도 제대로 하기란 쉽지 않은 게 사실이다. 상황이 어렵다고들 하지만 상황보다 더 힘든 것이 인간관계가 아닌가 싶다. 가장 가까운 가족들 사이에서도 관계는 결코 쉽지 않은 문제다. 가정에서도 이런데 하물며 직장이나 사회에서는 어떻겠는가.

우리를 창조하신 하나님은 우리가 어떤 관계 가운데 있어야 하는지 가장 잘 알고 계신다. 말씀을 통해 인간관계를 어떻게 해야 하는지 꼼꼼히 짚어 보자.

자기중심의 인간관계는 No

성경은 인간관계에서 갖지 말아야 할 태도에 대해 이렇게 가르친다.

> 비판을 받지 아니하려거든 비판하지 말라 너희가 비판하는
> 그 비판으로 너희가 비판을 받을 것이요 너희가 헤아리는
> 그 헤아림으로 너희가 헤아림을 받을 것이니라(마 7:1-2).

한마디로 자기중심적인 태도는 절대로 안 된다는 것이다. 여기서 쓰인 '비판'은 헬라어 '크리네테'로, '판단하다, 판결하다, 고소하다, 벌하다' 등의 뜻을 가지고 있다. 좀 더 정확하게 번역하면 '판단'이라고 할 수 있다. 이것은 마치 재판장이 판결하는 것과 같은 내용을 담고 있다. 그래서 영어 성경 NIV는 "Do not judge, or you too will be judged"라고 번역했다.

비판은 하나님이 모든 피조물에 대해 가지고 있는 가장 기본적인 능력이기도 하다. 이는 분별력이 있어야 가능하다. 하지만 위에서 말한 비판은 이것과 다르다. 오히려 비난에 더 가깝다고 할 수 있다. 자기의 의로움을 나타내기 위하여 상대방

을 더 안 좋은 쪽으로 과도하게 비판하는 것, 마치 재판장이 된 것처럼 함부로 판단하는 것을 가리킨다.

왜 하나님은 비판하지 말라고 하셨을까? 서로를 정죄하고 판단할 만한 자격과 능력을 가진 사람이 아무도 없기 때문이다. 우리는 다 부족하고 연약한 존재들이다. 절대자 하나님 외에는 어느 누구도 우리를 판단하거나 평가할 수 없다. 그래서 야고보가 이렇게 권면한다.

> 형제들아 서로 비방하지 말라 형제를 비방하는 자나 형제를 판단하는 자는 곧 율법을 비방하고 율법을 판단하는 것이라 네가 만일 율법을 판단하면 율법의 준행자가 아니요 재판관이로다(약 4:11).

입법자이자 재판장이 되시는 하나님 외에 이웃을 기준으로 판단하는 "너는 과연 누구냐"고 물으며 우리를 판단하고 심판하시는 분은 오직 하나님 한 분뿐이시라고 말한다.

간음한 여인이 주님 앞에 잡혀 왔을 때, 주님이 사람들을 향해 말씀하셨다.

> 너희 중에 죄 없는 자가 먼저 돌로 치라(요 8:7).

많은 사람이 돌을 들었지만, 나이 많은 사람부터 젊은 사람까지 하나둘씩 돌을 내려놓고 조용히 사라졌다고 성경은 전한다. 예수님과 여인만 남게 되었다. 예수님은 여인을 정죄하고 심판하실 수 있는 분이다. 그러나 주님은 "나도 너를 정죄하지 아니하겠다"고 말씀하시며 "다시는 죄를 짓지 말라"고 하셨다 (요 8:11-12).

어느 누구도 하나님처럼 우리 삶에 대하여 심판하고 판단하고 평가할 수 없다. 그런데 문제는 여전히 그런 사람들이 관계 가운데 존재한다는 것이다. 요즘 SNS 상에 얼마나 많은 비판과 비난이 떠도는지 모른다. 비판은 그래도 괜찮다. 분별할 수 있는 능력이 전제되어 있기 때문이다. 그런데 거기에 판단이 들어가기 시작하면 마치 자기가 하나님이 된 것처럼 남을 판단하고 비방하고 비난하게 된다. 그렇기 때문에 성경은 정죄하지 말라, 심판하지 말라, 너희가 심판하면 너희도 심판을 받게 될 것이라고 우리에게 경고한다.

내 눈 속의 들보를 먼저 빼라

어찌하여 형제의 눈 속에 있는 티는 보고 네 눈 속에 있는 들보는 깨닫지 못하느냐 보라 네 눈 속에 들보가 있는데 어찌하여 형제에게 말하기를 나로 네 눈 속에 있는 티를 빼게 하라 하겠느냐 외식하는 자여 먼저 네 눈 속에서 들보를 빼어라 그 후에야 밝히 보고 형제의 눈 속에서 티를 빼리라 (마 7:3-5).

그리스도인이라면 종종 접하는 말씀이다. 그런데 이것을 읽을 때마다 왠지 모를 불편함을 느낀다는 사람들이 있다. 자신을 향한 말씀이란 사실을 은연중에 느껴서 그런 것 아닐까?

'티'란 "먼지처럼 아주 잔 부스러기"를 가리킨다. 한참 들여다봐도 잘 보이지 않는 작은 알갱이다. 크지 않을뿐더러 중요하지도 않다. 그런데 문제는 이 작은 부스러기가 다른 사람 눈속에 있으면 너무도 잘 보인다는 것이다. 하지만 이보다 더 큰문제는 자기 눈의 들보를 보지 못한다는 것이다. 들보라고 하면 느낌이 금방 오지 않는다. '대들보'라고 해야 더 잘 표현된다. 영어 성경 NASB는 'log'라고 번역했다. '통나무'란 뜻이다. 자기 눈에 있는 대들보, 즉 통나무는 보지 못하면서 남의 눈에 있는 아주 작은 부스러기를 척척 집어내고 무자비하게 비판하고 비난하는 것이다.

이는 지극히 자기중심적인 판단이다. 나는 괜찮은 사람이라는, 내가 남보다 선하다는 자기중심성의 전형이다. 이런 부류의 사람들은 다음과 같은 특징을 가진다.

내가 한 잘못은 별로 중요하지 않게 여기고, 남이 한 잘못은 정확하게 집어내며 그것을 너무나 큰일로 만들어 버린다. 자기 결점은 잘 보지 못하고, 아주 작은 남의 결점은 바로바로 쉽게 찾아낸다. 내 잘못은 쉽게 잊으며 살다 보면 그럴 수도 있다고 변명한다. 남이 잘못한 것은 두고두고 묵상하고 암송하고 기억한다. 자신에 대해서는 엄청난 관용을 베풀지만 남에 대해서는 얼마나 정확하고 날카로운지 모른다. 마치 두 개의 잣대를 가지고 있는 듯하다. 나를 향한 잣대와 남을 향한 잣대가 다른 것이다.

정작 자기 모습은 보지 못하면서 끊임없이 자기중심으로 남을 판단하고 비난하는 사람들, 그들은 남이 하면 문제고 내가 하면 괜찮다고 여긴다. 남이 침묵하면 생각이 없는 것이고 내가 침묵하면 생각이 깊은 것이다. 남이 자리를 비우면 노는 것이고 내가 자리를 비우면 바쁜 것이다. 남이 고집을 피우고 화를 내면 고집불통이고, 내가 화를 내면 거룩한 공의를 좇는 소신이 뚜렷하기 때문이다. 남이 전화기를 들고 있으면 사적인 통화고, 내가 들고 있으면 다 업무를 위해서 하는 일이다.

교회 안에서도 이런 일은 비일비재하다. 남이 눈물로 기도하면 참 유별나다고 하고, 내가 눈물로 기도하면 간절한 기도라고 말한다. 남이 '주시옵소서!' 하면 기복신앙이라고 하고, 내가 '주시옵소서!' 하면 믿음이라고 말한다. 남이 헌금을 적게 하는 것은 인색하기 때문이고, 내가 헌금을 적게 하는 것은 과부의 엽전 두 닢과 같다며 마음이 중요하다고 이야기한다. 남이 예배에 참석하지 않는 것은 신앙이 없기 때문이고, 내가 예배에 빠지는 것은 하나님은 어디나 계신다는 성숙한 신앙 때문이라고 한다. 남이 예배 시간에 늦으면 '5분만 일찍 출발하지'라고 말하면서도, 내가 늦으면 중요한 건 설교라고 말한다. 남이 넓은 집으로 이사하면 주님은 머리 둘 곳도 없으셨다고 하고, 내가 넓은 집으로 이사하면 하나님이 내 지경을 넓히신 것이라고 말한다. 남이 예배 시간에 졸면 시험에 들지 않도록 기도해야 한다고 하고, 내가 졸면 주님이 사랑하는 자에게 잠을 주시는 거라고 한다.

남에 대해서는 칼 같으면서 자신에 대해서는 어찌 그리 관대한지…. 내 눈에 있는 대들보는 보지 못하면서 남의 눈에 있는 티는 어쩌면 그렇게 잘 집어내는지…. 이 같은 자기중심적인 인간관계는 결코 원만할 수도 화목할 수도 없다. 그래서 예수님은 우리에게 먼저 네 눈 속에서 들보를 빼고 그 후에야 밝히 보고 형제의 눈 속에서 티를 빼라고 말씀하신다.

운전을 하다가 겪은 일이다. 자동차가 멈춰 섰는데 앞차가 뒤로 슬금슬금 내려오는 것이 아닌가. 깜짝 놀라서 빵빵 경적을 울렸는데도 계속 내려왔다. 경적을 몇 번 더 세게 울렸다. 그런데 가만히 보니 내 차가 앞으로 가고 있었던 것이다! 얼마나 미안하고 창피했는지 쥐구멍에라도 들어가고 싶은 심정이었다.

나 자신도 부족한 사람임을 기억하길 바란다. 우리 모두는 남에 대해 쉽게 말하는데, 사실 남을 비판하고 판단할 능력도 자격도 없는 사람이다. "먼저 네 눈의 대들보를 빼라!"라는 주님의 말씀을 가슴에 새기며 자기중심적인 인간관계는 이제 그만 청산하자.

만고의 진리 황금률

성경이 지향하는 인간관계는 어떤 모습일까? 예수님이 말씀해 주셨다.

> 그러므로 무엇이든지 남에게 대접을 받고자 하는 대로 너희도 남을 대접하라 이것이 율법이요 선지자니라(마 7:12).

'율법이요 선지자'라는 말씀은 구약성경 전체를 일컫는 표현이다. 다시 말해 성경을 통틀어 가장 중요한 말씀이라는 뜻이다. "남에게 대접을 받고자 하는 대로 너희도 남을 대접하라." 이는 그리스도인이 아니더라도 웬만한 사람은 다 알고 있는 내용으로, 일명 황금률이라고 한다. 우리는 자기중심적인 인간관계를 내려놓고, 이제는 상대방 중심의 인간관계를 구축해야 한다.

메시지성경은 이 말씀을 이렇게 번역했다. "사람들이 너희에게 무엇을 해 주면 좋겠는지 자문해 보아라. 그리고 너희가 먼저 그들에게 그것을 해 주어라." 그 상황에서 내가 사람들에게 받고 싶은 게 무엇인지, 사람들이 내게 무엇을 해 주면 좋겠는지 스스로에게 물어보라는 것이다. 한 걸음 더 나아가 내가 먼저 그들에게 해 주라고 권면한다. 자기중심에서 상대방 중심으로 넘어가라는 것이다.

당신이 관계에서 원하는 것이 무엇인가? 이해받고 싶은가? 그렇다면 먼저 이해해 주라. 격려 받고 싶은가? 그렇다면 먼저 격려해 주라. 내 말을 좀 잘 들어줬으면 좋겠는가? 그렇다면 그들의 말을 먼저 잘 들어주라. 인정받고 싶으면 먼저 인정해 주고, 용서받고 싶으면 먼저 용서해 주라. 내가 받고 싶은 대로 남에게 먼저 해 주라.

이와 같은 말씀이 마태복음에 또다시 나온다.

> 둘째도 그와 같으니 네 이웃을 네 자신 같이 사랑하라 하셨으니(마 22:39).

나를 사랑하는 것처럼 남을 사랑하라는 말씀이다. 이를 위해 예수 그리스도가 이 땅에 오셨다. 우리를 용서하고 사랑하시기 위해서 주님이 십자가에 달리셨다.

도움을 받고 싶은가? 도와주라. 섬김을 받고 싶은가? 섬기라. 다만 내가 도움을 받기 위해 돕고, 이해를 받기 위해 이해하고, 섬김을 받기 위해 섬기지는 말라. 내가 꼭 받아야겠다는 마음으로 하는 건 금물이다. 나도 받고 싶지만 설령 받지 못한다 할지라도 먼저 해 주라는 것이지, 여전히 자기중심으로 내가 받을 걸 미리 계산하고 하라는 게 아니기 때문이다.

우리가 나를 뛰어넘어 상대방 중심의 인간관계를 구축해 나갈 때 각박한 세상이 좀 더 따뜻해질 것이다. 타인의 입장에서 무엇이 필요한지 고민하게 되고, 그것을 해 주려 노력할 테니까. 아내는 남편의 입장에서, 남편은 아내의 입장에서 한 번 더 생각해 볼 것이다. 가진 자는 못 가진 자의 입장에서, 못 가진 자는 가진 자의 입장에서 한 번 더 생각해 볼 것이다. 교인의 입장에서, 가난한 자의 입장에서, 꾸어 준 자의 입장에서, 아픈 사람의 입장에서…. 우리는 입장을 바꿔 놓고 생각할 것이고, 생각한 것을 행동으로 옮길 것이다. 이것이 바로 하나님이 바라시는 관계가 아닐까?

수년 전에《부모의 리더십이 자녀의 미래를 결정한다》라는 책을 썼다. 내 아이들이 초등학생이었을 때의 이야기다. 시간이 흘러 자녀들이 사춘기에 들어서고 나서야 나는 책을 너무 일찍 냈다는 사실을 깨달았다. 그리고 하나님께 회개했다. 그 입장이 되어 보니 그제야 그들의 아픔과 고통이 이해되기 시작했다.

그렇다. 그 입장이 된다면, 그들을 이해해 주고 격려해 주고 인정해 주고 도와줄 수 있는 관계가 될 수 있다. 그런 관계로 변화될 때 우리의 가정에, 우리의 관계 가운데, 우리의 직장에 어떤 일들이 일어날지 한번 상상해 보라. 상상만 해도 기쁘지 않은가? 지금까지 그렇게 하지 못했다고 좌절할 필요는 없다. 아직도 늦지 않았다. 이제부터 시작이다.

하나님 중심의 인간관계 Yes

사람들과 관계를 어떻게 맺어야 할지 머리로는 알아도 막상 그렇게 사는 건 쉽지 않다고 말하는 이들이 많다. 내 생각과 내 판단, 해묵은 편견 등 나를 붙잡고 있는 것들을 깨뜨리고 상대방 중심으로 살게 되면 손해 보는 것이 많고 그 때문에 삶이 힘들고 어려워질 수 있다고 생각하기에 자기중심적 관계를 쉽사리 내려놓지 못하는 것이다. 그러나 변화할 수 있는 길이 있다. 그것은 다름 아닌 하나님 중심의 인간관계다.

성경에는 하나님과 인간의 관계, 인간과 인간의 관계가 나온다. 하나님은 수직적인 관계와 수평적인 관계를 둘 다 소중하게 여기신다. 사실 이 둘은 밀접한 관계가 있다. 예수님이 성경에서 가장 중요한 교훈, 즉 하나님의 가장 큰 계명에 대해 말씀하셨다.

> 예수께서 이르시되 네 마음을 다하고 목숨을 다하고 뜻을 다하여 주 너의 하나님을 사랑하라 하셨으니(마 22:37).

마음을 다하고 목숨을 다하고 뜻을 다하여 하나님을 사랑하라고 하신다. 우선 하나님과의 관계를 유념하라는 것이다. 그것으로 끝나지 않는다. 뒤이어 인간과의 관계를 말씀하시며 "네 이웃을 네 자신 같이 사랑하라"(마 22:39)고 말씀하셨다. 이 두 관계가 서로 얼마나 밀접하게 연결되어 있는지 그리스도인들은 경험을 통해 잘 알고 있다. 하나님과의 관계가 바로 되지 못하면 인간과의 관계도 힘들어진다. 인간과의 관계에서 어려움을 겪으면 하나님과의 관계도 영향을 받는다.

그럼에도 불구하고 우리는 하나님과의 관계는 참 좋은데 인간과의 관계가 그렇게 좋지 않은 이들을 심심찮게 볼 수 있다. 흔히 믿음이 좋다고 하는 사람들 중에서 말이다. 그들은 교회 활동에 열심이다. 각종 모임에 빠지지 않으며, 뜨겁게 기도하고, 성경 공부도 열심히 한다. 그런데 믿음이 좋고 신앙생활을 잘하고 하나님을 사랑한다고 하면서도 정작 자신의 가족이나 이웃과의 관계는 원만하지 못하고 화평하지 못한 신앙인이 의외로 많다. 믿음 좋다는 시어머니 때문에 교회에 나오지 않는 며느리를 본다. 교회에서 열심히 봉사하는 성실한 부모를 두었지만 그 부모 때문에 교회에 나오지 않는 자녀를 발견하기도 한다.

무엇이 잘못되었을까? 믿음이 좋고 하나님과 깊은 교제 가운데 있으면 우리의 삶 가운데 사람과의 관계에서도 좋은 모습이 나타나야 하는데 그렇지 않은 것은 이 두 관계가 연결되어 있지 않기 때문이다. 결국 우리가 보기에 믿음이 좋은 것과 하나님 보시기에 믿음이 좋은 것은 다르다는 얘기다.

그렇다면 하나님의 평가 기준은 무엇인가? 하나님이 우리를 창조하셨다. 그분은 우리를 나와 너, 우리라는 공동체로 창조하셨다. 성부, 성자, 성령의 삼위 하나님이 네 이웃을 네 몸과 같이 사랑하라고 말씀하시며, 하나님의 사랑이 우리 관계 가운데 나타나길 원하신다. 그리고 그것이 바로 하나님 보시기에 믿음이 좋은 모습이다.

지금 나의 인간관계에 갈등이 있다면, 힘들고 어려운 문제가 있다면, 아픔과 상처가 있다면 하나님과 나와의 관계를 가장 먼저 점검해 봐야 한다. 그 관계가 바로 되어 있지 않으면 우리는 다른 관계에서도 계속해서 힘들고 어려울 수밖에 없다. 하나님과의 올바른 관계를 통해 하나님을 바라볼 때 그분이 바라보시는 내 모습을 볼 수 있다. 또 하나님이 바라보시는 상대방의 모습도 볼 수 있다. 하나님과의 관계가 우선되고 중요시될 때 사람과의 관계에도 아름다운 열매가 맺히게 된다.

사도 요한은 "누구든지 하나님을 사랑하노라 하고 그 형제를 미워하면 이는 거짓말하는 자니 보는 바 그 형제를 사랑하지 아니하는 자는 보지 못하는 바 하나님을 사랑할 수 없느니라"(요일 4:20)고 말했다. 사도 바울은 "아무 일에든지 다툼이나 허영으로 하지 말고 오직 겸손한 마음으로 각각 자기보다 남을 낫게 여기라"(빌 2:3)고 권면했다. 어떻게 하면 이 말씀처럼 살 수 있을까? 그 답은 다음과 같다.

> 너희 안에 이 마음을 품으라 곧 그리스도 예수의 마음이니
> (빌 2:5).

예수 그리스도의 십자가를 통해서 자신을 바라보고, 내 죄를 용서하신 하나님의 은혜를 봐야 한다. 주님의 사랑과 은혜 안에서 비로소 자기중심적인 것들을 내려놓을 수 있다. 뿐만 아니라 예수 그리스도의 십자가를 통해서 다른 사람들을 바라보고, 그들의 아픔과 상처를 보고, 그들을 향한 하나님의 마음을 볼 수 있다. 그러고 나면 그들을 용납하고 이해하고 섬길 수 있게 된다.

마태복음 7장에서 예수님이 비판에 대한 교훈과 황금률에 대해 말씀하시는 중간에 불쑥 기도 이야기를 꺼내셨다.

> 구하라 그리하면 너희에게 주실 것이요 찾으라 그리하면 찾아낼 것이요 문을 두드리라 그리하면 너희에게 열릴 것이니 구하는 이마다 받을 것이요 찾는 이는 찾아낼 것이요 두드리는 이에게는 열릴 것이니라(마 7:7-8).

하나님과의 관계가 바로 될 때 대접을 받고 싶은 대로 먼저 대접할 수 있는 관계로 나아갈 수 있고, 우리 힘으로 할 수 없는 일을 위해 구하고, 찾고, 두드릴 수 있다. 자기중심적인 관계는 내려놓고, 상대방 중심의 관계를 맺을 수 있다. 따라서 무엇보다도 먼저 하나님과의 관계를 바르게 해야 한다. 이것이 성경이 말하는 모든 관계의 질서다.

chapter 10

겸손

: 겸손한 척하는 사람들에게

나는 흙 같은
존재임을 고백하라

하나님이 가장 싫어하시는 일이 무엇일까? 가장 미워하시는 것은 무엇일까? 성경은 "여호와께서 미워하시는 것 곧 그의 마음에 싫어하시는 것이 예닐곱 가지"(잠 6:16)라고 말한다. 그러면서 첫 번째로 꼽는 것이 바로 교만이다. 하나님은 교만한 눈을 싫어하신다.

그렇다면 반대로 하나님이 가장 기뻐하시는 일은 무엇일까? 그 답을 미가서에서 찾을 수 있다. 저자는 "여호와께서 천천의 숫양이나 만만의 강물 같은 기름을 기뻐하실까 내 허물을 위하여 내 맏아들을, 내 영혼의 죄로 말미암아 내 몸의 열매를 드릴까"(미 6:7)라고 묻더니 바로 이어서 답을 한다.

사람아 주께서 선한 것이 무엇임을 네게 보이셨나니 여호와께서 네게 구하시는 것은 오직 정의를 행하며 인자를 사랑하며 겸손하게 네 하나님과 함께 행하는 것이 아니냐 (미 6:8).

하나님이 기뻐하시는 것은 겸손하게 주님과 동행하는 삶을 사는 것이다.

혹자는 이렇게 말한다. 겸손은 인간을 천사로 만들기도 하고, 교만은 천사를 마귀로 만들기도 한다고. 성 어거스틴(St. Augustine)은 그리스도인의 가장 중요한 덕목이 무엇이냐는 질문에 첫째가 겸손이요, 둘째도 겸손이요, 셋째도 겸손이라고 대답했다.

겸손의 진정한 의미

겸손의 국어사전 정의는 '남을 존중하고 자기를 내세우지 않는 태도가 있음'이다. 이것에 대해 흔히 오해하는 부분이 있다. '자신을 낮추고, 뭔가를 못한다고 사양하는 것'을 겸양의 미덕으로 생각하는 것이다. 진짜로 못해서 그렇게 말할 수도 있지만 잘할 수 있음에도 불구하고 대체로 부인하며 사양한다.

"저는 못해요."

"제가 좀 부족해서…."

만약 이렇게 말하면서 속으로 '사실 나는 충분히 잘할 수 있어'라고 생각하며 내심 인정받기를 원한다면, 그것은 진짜 겸손이 아니다. 그저 겸손한 척하는 것이다. 겸손은 자기를 비하하는 것이 결코 아니다. 자신감의 결여를 뜻하는 것도 아니다.

유약한 성격이나 우울한 기질을 나타내는 것도 아니다. 굴종적으로 행동하거나 궁상떠는 것도 아니다.

'19세기 남아프리카의 성자'로 불리는 앤드류 머레이(Andrew Murray)는 겸손을 이렇게 정의했다.

"겸손은 피조물로서 자신의 위치가 어디인지 그 자리를 인정하고 하나님께 자리를 내어드리는 것이다."

즉 겸손은 나를 알고 하나님을 아는 것이다. 하나님 앞에서 나는 어떠한 존재인지, 하나님은 어떤 분인지를 바로 알고, 주님에게 합당한 자리를 내어 드리는 것이 진정한 겸손이다. 그래서 성경은 겸손을 말할 때 항상 하나님과의 관계를 먼저 거론한다.

> 겸손과 여호와를 경외함의 보상은 재물과 영광과 생명이니라(잠 22:4).

잠언 저자는 겸손함과 여호와를 경외하는 것을 한데 묶어서 말하고 있다. 겸손이란 뜻의 영어 단어 휴밀리티(humility)는 휴무스(humus)라는 라틴어에서 파생되었다. 휴무스의 원래 뜻은 '흙'이다. 성경은 우리에게 "너는 흙이니 흙으로 돌아갈 것"(창 3:19)이라고 말한다. 내 자신이 흙 같은 존재임을 바로 보는 것, 나를 만들고 생기를 불어넣어 주신 창조주 하나님을 인정하는 것, 그리고 그분에게 합당한 자리를 내어 드리고 전적으로 의지하는 것, 이것이 바로 진정한 겸손이다.

에덴동산에서 인류가 범했던 최고의 잘못은 무엇인가? 자기 자리를 잊어버리고 하나님의 자리를 넘본 교만이 아니었던가. 이사야는 이렇게 말한다.

> 도끼가 어찌 찍는 자에게 스스로 자랑하겠으며 톱이 어찌 켜는 자에게 스스로 큰 체하겠느냐(사 10:15).

우리는 창조주 하나님의 손에 들린 도끼요 톱이다. 한낱 연장일 뿐이다. 그런데 마치 우리가 찍는 자인 듯, 켜는 자인 듯 교만하게 군다. 착각이다. 하나님이 보시기에 이런 우리 모습이 얼마나 우스울까? 우리는 하나님에 의해 빚어진 피조물임을 잊지 말아야 한다.

시편 기자는 "어리석은 자는 그의 마음에 이르기를 하나님이 없다"(시 53:1)고 한다고 말했다. 어리석은 자는 교만한 자, 겸손하지 못한 자, 하나님의 존재를 부인하는 자다. 자신의 참 모습을 모르고 교만함으로 착각에 빠진 자는 하나님의 은혜를, 하나님의 축복을, 하나님의 임재를 경험할 수 없다. 나폴레옹이 "내 사전에 불가능은 없다"는 유명한 말을 남겼지만 그의 말은 틀렸다. 내 주제를 파악하고, 나와 하나님의 자리를 올바로 인식한 사람은 그런 말을 할 수가 없기 때문이다.

겸손은 하나님의 은혜를 담는 그릇

> 나는 마음이 온유하고 겸손하니 나의 멍에를 메고 내게 배
> 우라(마 11:29).

예수님은 일생을 겸손하게 사셨다. 자기를 낮추는 것이 겸손이라고 단순히 말로만 전하지 않으시고, 삶으로 가르치셨다. 철저하게 하나님을 인정하고 그분의 인도하심과 주권 앞에 자기를 내어 맡기는 삶이야말로 진정한 겸손임을 삶과 죽음 그리고 부활로써 보여 주셨다.

겟세마네 동산에서 주님은 "나의 원대로 마시옵고 아버지의 원대로 하옵소서"(막 14:36)라고 기도하셨다. 예수님이 지신 십자가는 하나님의 명령이었고, 하나님이 주신 사명이었다. 주님은 죽기까지 말씀에 순종하셨다. 사도 바울은 빌립보서에서 이렇게 말했다.

> 너희 안에 이 마음을 품으라 곧 그리스도 예수의 마음이니
> 그는 근본 하나님의 본체시나 하나님과 동등됨을 취할 것

으로 여기지 아니하시고 오히려 자기를 비워 종의 형체를 가지사 사람들과 같이 되셨고 사람의 모양으로 나타나사 자기를 낮추시고 죽기까지 복종하셨으니 곧 십자가에 죽으심이라(빌 2:5-8).

이처럼 예수님은 철저하게 순종하며 하나님의 인도하심에 전적으로 의지하셨다. 예수님은 하나님 아버지와의 관계에 대해 끊임없이 말씀하셨다.

내가 진실로 진실로 너희에게 이르노니 아들이 아버지께서 하시는 일을 보지 않고는 아무 것도 스스로 할 수 없나니 아버지께서 행하시는 그것을 아들도 그와 같이 행하느니라(요 5:19).

내가 하늘에서 내려온 것은 내 뜻을 행하려 함이 아니요 나를 보내신 이의 뜻을 행하려 함이니라(요 6:38).

오직 아버지께서 가르치신 대로 이런 것을 말하는 줄도 알리라(요 8:28).

나는 내 영광을 구하지 아니하나 구하고 판단하시는 이가 계시니라(요 8:50).

예수님이 말씀하신 겸손은, 아버지 하나님을 인정하고 겸손하게 순종하는 것이다.

그러므로 겸손이란 하나님의 모든 것 되심에 대한 피조물의 단순한 동의라고 정의할 수 있다. 홀로 역사하시는 하나님에 대한 가장 기초적인 순복, 그것이 바로 겸손이다.

하나님을 하나님으로 인정하기에 주님께 무릎 꿇는 겸손이 없다면 믿음도 존재하지 않는다. 그런 사람은 기도할 수 없다. 은혜를 경험할 수 없다. 순종도 할 수 없다. 겸손이 이 모든 것의 기초가 되기 때문이다. 우리가 겸손히 하나님을 경외할 때 주님은 재물과 영광과 생명으로 보상하신다(잠 22:4). 하나님은 거만한 자를 비웃으시며 겸손한 자에게 은혜를 베푸신다(잠 3:34). 하나님이 또 말씀하신다.

그러나 더욱 큰 은혜를 주시나니 그러므로 일렀으되 하나님이 교만한 자를 물리치시고 겸손한 자에게 은혜를 주신다 하였느니라(약 4:6).

사람의 마음의 교만은 멸망의 선봉이요 겸손은 존귀의 길잡이니라(잠 18:12).

사람이 교만하면 낮아지게 되겠고 마음이 겸손하면 영예를
얻으리라(잠 29:23).

하나님을 인정하고 그분과 동행하는 삶을 살 때, 다시 말해
진정한 겸손이 내 안에 있을 때 하나님이 역사하신다. 영예를
얻게 하시고, 존귀를 베푸시며, 재물을 허락하신다. 겸손은 하
나님의 반응을 불러일으키는 덕목이다. 겸손은 하나님의 은혜
를 담는 그릇인 것이다.

자연스레 드러나는 겸손의 모양

기도하거나 신앙에 대해 이야기할 때 겸손할 수 있다. 교회
사역을 할 때도 마찬가지다. 그러나 일상생활 가운데 겸손하
지 못하다면, 그게 진짜 겸손인지 의구심을 가질 수밖에 없다.
사도 바울은 "너희 안에 이 마음을 품으라 곧 그리스도 예수의
마음이니"(빌 2:5)라고 말했다. 겸손은 마음에서부터 우러나오
는 삶의 태도다. 하나님 앞에서 자신을 인식하고, 그분께 합당
한 자리를 내어 드리는 진정한 겸손은 일상생활에서도 그대로
나타나게 되어 있다.

겸손은 어떤 모양으로 실천될 수 있는가?

첫째, 나보다 남을 낮게 여길 때 겸손이 드러난다. 예수님의

제자들이 누가 더 큰 자인가를 놓고 서로 다투었다. 예수님의 우편과 좌편에 누가 앉을 것인가를 두고 싸웠다. 서로 조금이라도 좋은 자리, 즉 상석에 앉으려고 했다. 예수님은 "누구든지 으뜸이 되고자 하는 자는 모든 사람의 종이 되어야 한다"(막 10:44)고 말씀하셨고, 친히 제자들의 발을 씻기며 겸손의 본을 보이셨다. 우리는 성경의 여러 곳에서 겸손의 모습을 발견할 수 있다.

형제를 사랑하여 서로 우애하고 존경하기를 서로 먼저 하며(롬 12:10).

오직 사랑으로 서로 종 노릇 하라(갈 5:13).

아무 일에든지 다툼이나 허영으로 하지 말고 오직 겸손한 마음으로 각각 자기보다 남을 낮게 여기고(빌 2:3).

그러므로 너희는 하나님이 택하사 거룩하고 사랑 받는 자처럼 긍휼과 자비와 겸손과 온유와 오래 참음을 옷 입고 누가 누구에게 불만이 있거든 서로 용납하여 피차 용서하되 주께서 너희를 용서하신 것 같이 너희도 그리하고(골 3:12-13).

먼저 존경하고, 서로 용서하고, 서로 종노릇하고, 각각 자기보다 남을 낮게 여기라고 말씀하셨는데, 이게 정말로 가능한가? 나보다 못하다고 생각하는 사람, 썩 좋아 보이지 않는 사람을 바라보면서 어떻게 나보다 더 낫다고 여길 수 있는가? 재능, 능력, 지식, 성과 등에서 나보다 못한 사람들을 어떻게 존경하고 섬길 수 있는가? 겉으로 그런 척하지만 속으로는 자기가 훨씬 더 뛰어나다고 생각하며 여전히 교만에 차 있진 않은가? 겉과 속이 똑같은 진짜 겸손은 하나님 앞에서의 모습을 사람들 앞에서도 인정할 때 비로소 나타난다.

둘째, 하나님 앞에서 자신은 아무것도 아님을 인정할 때 겸손이 드러난다. 자기 자신을 인정하면 다른 사람을 질투하거나 시기할 필요가 없어진다. 그들과 비교하는 일이 부질없다는 것을 알게 되기 때문이다.

성경에 나오는 바리새인과 세리의 기도를 기억할 것이다. 바리새인은 어떻게 기도했는가? 그는 많은 사람이 보는 앞에서 한쪽 구석에 있는 세리를 손가락질하며 자신이 세리와 같지 않음을 감사했다. 한편 세리는 다른 사람들을 돌아볼 틈이 없었다. 자신과 타인을 비교할 겨를이 없었던 것이다. 그는 마음의 무릎을 꿇고 한쪽 구석에서 하나님만 바라보며 자신은 죄인이라고, 자신을 불쌍히 여겨 달라고 기도했다.

자신이 아무것도 아니라는 사실을 망각하는 순간 우리는

서로 비교하게 된다. 다른 사람들과의 비교를 통해서 자신을 평가하기 시작한다. C. S. 루이스는 "겸손이란 나를 낮게 생각하고, 나를 부족하게 생각하는 것이 아니라 아예 자신에 대한 생각을 적게 하는 것이다"라고 말했다. 자기를 비하하는 것이 겸손이 아니라는 뜻이다. 하나님 앞에서 나는 흙이며, 그분은 창조주요 내게 생명을 주셨고 은혜를 베푸시는 분임을 기억하는 것이 겸손이다. 하나님 앞에서 자랑할 게 무엇이 있는가? 하나님 앞에서는 목에 힘이 들어갈 수가 없다.

겸손은 하나님이 주신 것을 부인하는 게 아니다. 그걸 가지고 다른 사람을 업신여기거나 거만하게 구는 것도 아니다. 하나님이 은사로 주신 것을 마치 스스로 얻은 것처럼 여기는 것도, 그것을 사용하지 않는 것도 모두 겸손이 아니다. 하나님이 주신 것을 인정하고, 감사함으로 사용하는 것이 진정한 겸손이다. 그래서 겸손은 사랑을 가져온다. 섬김을 가져오고 배려를 가져오며 존중을 가져온다.

사람들은 교만이란 단어를 싫어한다. 누가 자기더러 교만하다고 하면 펄쩍 뛴다. 그런데 당신은 아는가? 교만할수록 교만이란 단어를 더 싫어한다는 사실을…. 자신이 교만하다는 것을 깨닫는 순간, 그때부터 진짜 겸손이 시작된다.

사탄이 건드리지 못하는 사람이 있다고 한다. 아무리 유혹해도 넘어가지 않는 사람이 있다. 바로 겸손한 사람이다. 기도를 많이 하는 사람도, 성경 공부를 많이 하는 사람도, 하나님을 뜨겁게 사랑하는 사람도 교만에 빠지면 속수무책이 된다. 하지만 겸손한 사람은 아무리 흔들어도 흔들리지 않는다. 절대로 쓰러지지 않는다. 나는 아무것도 아니며 하나님 앞에서 흙에 불과하다는 사실을 인정하는 사람이 어떻게 유혹에 빠지고, 시험에 들겠는가? 우리 가운데 분쟁이 있는 것은, 우리 안에 욕심이 있다는 방증이며 여전히 자기가 살아 있다는 증거다. 우리 속담에 "벼 이삭은 익을수록 고개를 숙인다"고 하지 않았던가.

겸손은 널뛰기와 같다

교만한 사람을 좋아하는 사람은 없다. 다들 싫어한다. 사람들 앞에서 대놓고 티를 내진 못해도, 겉으로 좋아하는 척하더라도 속마음은 그렇지 않다. 이에 반해 겸손한 사람은 누구나 환영한다. 어딜 가나 사랑을 받는다. 같이 있고 싶고, 뭐라도 더 주고 싶은 게 인지상정이다. 겸손한 자는 수치를 당하지 않는다. 문제는 더 높이 오르거나 더 많이 가지려다 생기는 것이지, 낮은 곳을 향하여 손을 내밀고 나누려다가 낭패를 보거나 망신을 당하는 일은 거의 없다. 아무리 뛰어난 성공도 겸손하지 않으면 오래가지 못한다. 우리가 넘어지는 이유는 잘되고 잘나갈 때 교만해지기 때문이다. 잠언 말씀처럼 "교만은 패망의 선봉이요 거만한 마음은 넘어짐의 앞잡이"(잠 16:18)임에 틀림없다.

겸손한 자의 마음은 늘 평안하다. 자신을 낮추며 하나님 중심으로 살아가는 사람, 자신의 모습을 바로 알고 누가 알아주지 않아도 하나님이 아신다고 믿는 사람의 마음에는 아무런 동요가 없다. 그는 주께 모든 것을 맡기고 그리스도의 평강을 경험하는 사람이다. 겸손에서 감사가 터져 나온다. 겸손한 사람에게는 감격이 있고, 경이로움이 있고, 보는 사람들을 감동시키는 힘이 있다.

예수님은 "존경하기를 서로 먼저하라"(롬 12:10)고 말씀하셨다. 이것은 아마도 '표현을 잘하라'는 뜻이 아닌가 싶다. 자신의 부족함을 인정하고, 잘못을 잘못으로 시인하는 것, 다시 말해 미안하다고, 죄송하다고 말하는 것이다. 영어권에서는 "I am sorry"라는 말을 서로 자주 한다. 그런데 우리 문화에서는 별로 많이 하지 않는다. "잘못했다, 죄송하다"고 말하는 게 뭐 그리 어렵냐고 할지 모르지만, 미안하다고 해야 할 상황이 닥치면 의외로 딴소리를 하거나 아무 말도 안 하는 사람이 많다. 언뜻 쉬워 보이지만 사실 겸손하지 않으면 할 수 없는 말인 것이다.

식당에서 밥을 먹는데, 탕에 파리가 빠져 있는 게 아닌가.

주인을 불러 상황을 얘기했다. 그때 나는 주인이 당연히 이렇게 말할 줄 알았다.

"정말 죄송합니다. 얼른 다시 해 드리겠습니다. 그리고 저희 잘못이니 밥값은 받지 않겠습니다."

그런데 내 예상은 완전히 빗나갔다.

"아이 참, 그게 왜 거기 들어갔지?"

미안한 마음에 그렇게 말했을 것이라고 생각한다. 하지만 어떤 말보다도 죄송하다는 말을 먼저 했어야 하지 않을까?

자녀와의 관계에서도 마찬가지다. 부모가 어른이고 권위자이지만 잘못한 일에 대해서는 자녀에게 솔직히 인정해야 한다. 자녀가 아무리 어려도 부모가 자신의 연약함과 부족함을 고백할 수 있어야 겸손하다고 말할 수 있다.

겸손을 생각하면 단오절의 널뛰기가 떠오른다. 이쪽 사람이 높이 올라갔다 내려오면 반대쪽 사람이 뛰어 올라간다. 나의 내려옴을 통해서 다른 사람이 존중받고, 섬김받고, 세워지며 사랑받는다. 이것이 바로 진정한 겸손의 모습이 아닐까? 그래서 베드로가 이렇게 말했다.

> 젊은 자들아 이와 같이 장로들에게 순종하고 다 서로 겸손으로 허리를 동이라 하나님은 교만한 자를 대적하시되 겸손한 자들에게는 은혜를 주시느니라(벧전 5:5).

영어 성경은 "겸손의 옷을 입으라"(clothe yourselves with humility, NIV)라고 번역하였다. 밖에 나갈 때 겸손을 입지 않고 벌거벗은 채로 나가지 말라는 뜻이다.

겸손한 사람은 다른 사람의 말을 경청한다. 흔들리는 법이 없다. 목에 힘을 주지도 않는다. 다른 사람을 향한 칭찬에 인색하지 않다. 자신의 영광에 집착하지 않는다. '나 아니면 안돼', '나만 할 수 있어' 같은 생각은 하지 않는다. 다른 사람을 존중하고 섬기며 사랑한다. 이것이 바로 겸손의 옷을 입은 사람의 삶이다. 당신은 지금 어떤 옷을 입었는가?

chapter 11

긍휼

: 긍휼을 장신구로 여기는 사람들에게

긍휼을 받으려면
먼저 흘려보내라

2015년 9월, 전 세계가 큰 충격에 휩싸였다. SNS와 인터넷을 통해 급속도로 퍼진 사진 한 장 때문이었다. 〈파도에 휩쓸린 인도주의〉라는 제목의 사진에는 작은 체구의 남자아이가 바닷모래에 얼굴을 대고 잠자듯 엎드려 있었다. 2011년부터 시작된 시리아 내전과 IS의 학살 위협을 피해 유럽으로 탈출하려다가 터키 해변에서 숨진 채 발견된 세 살배기 난민 아일란 쿠르디(Alan Kurdi)의 시신이었다. 안타깝게도 쿠르디의 엄마와 형도 목숨을 잃고 말았다. 이 사건은 난민에 대한 새로운 관심을 불러일으켰고, 독일, 영국, 프랑스 등 유럽 여러 나라들이 난민 정책을 수정해 시리아 난민을 대거 수용하는 계기가 되었다. 그러나 이후 난민을 수용한 나라들에서 또 다른 문제들이 불거져 어려움을 겪고 있는 게 사실이다.

긍휼은 저절로 생겨나지 않는다

파도에 휩쓸려 해변으로 떠밀려 온 쿠르디의 사진을 보면서 가슴 아파하지 않은 사람이 어디 있겠는가. 이런 모습을 보고 인간이라면 어떻게 긍휼을 느끼지 않을 수 있겠는가? 생활고에 찌들려 스스로 목숨을 끊었다는 누군가의 사정 이야기를 들으면 안타까움을 금할 길이 없다. 배고픈 아이, 전쟁 통에 전신마비가 된 군인, 고통 중에 살 소망을 잃은 사람들을 보면 긍휼의 마음이 필요함을 느낀다. 그러면서 자신은 그런대로 긍휼이 있는 사람이라고 스스로 위안하기도 한다.

그런데 우리 마음에 긍휼이 그렇게 넘쳐나는데도 왜 세상은 여전히 고통 가운데 있는가? 전쟁과 갈등으로 고통받는 사람들이 여전히 많다. 경쟁과 괴롭힘으로 인한 상처가 끊이질 않는다. 이러한 사실을 우리는 부인할 수 없다.

어떤 사람이 "긍휼은 마치 연필 끝에 달려 있는 조그만 지우개와도 같다"고 비유한 이야기를 들은 적이 있다. 경쟁 사회에서, 표독스러워지지 않으면 생존하기 힘든 세상에서 긍휼은 연필 끝에 겨우 달라붙어 있는 작은 지우개처럼 어떤 문제가 있을 때만 아주 가끔씩 등장한다. 매정한 세상에 조그만 장신구처럼 긍휼이 달려 있는 것이다. 사람들은 자신의 문제와 고난만으로도 몹시 힘들어하며 어려워한다. 내 안에 있는 원망과 분노, 그리고 내 삶에 지워진 의무감에서 오는 삶의 무게가 버겁기만 하다. 사실 매정하고 냉정한 사회에서 정에 이끌리지 않고, 사나워지지 않으면 생존하기 어렵다. 세상이 정에 이끌려 긍휼을 베푸는 사람을 마치 패배자처럼 취급하고 때로 불이익을 주기도 하기 때문이다. 뿐만 아니라 우리는 고통 그 자체를 싫어하며 거부한다. 그런 우리가 누군가의 고통에 마음을 빼앗기고 싶어 할까? 우리에게 긍휼이란 과연 어떤 의미가 있는가?

> 너희가 만일 너희를 사랑하는 자만을 사랑하면 칭찬 받을 것이 무엇이냐 죄인들도 사랑하는 자는 사랑하느니라 너희가 만일 선대하는 자만을 선대하면 칭찬 받을 것이 무엇이냐 죄인들도 이렇게 하느니라 너희가 받기를 바라고 사람들에게 꾸어 주면 칭찬 받을 것이 무엇이냐 죄인들도 그만큼 받고자 하여 죄인에게 꾸어 주느니라(눅 6:32-34).

나를 사랑하는 사람만 사랑하는 것은 죄인들도 하는 일이다. 나에게 잘하는 사람을 좋아하고 잘 대해 주는 건 누구나 할 수 있는 일이다. 받을 생각을 하고 꾸어 주는 것도 마찬가지다. 그러므로 이런 것을 두고 긍휼을 베풀었다고 말할 수는 없다.

국어사전은 긍휼을 "남을 불쌍히 여겨 돌보아 주는 것"이라고 정의하고 있다. 나를 사랑하는 자들을 사랑하는 것, 나를 선대하는 자들을 선대하는 것, 무엇인가를 바라고 꾸어 주는 것. 이것은 당연한 일들이고 누구나 하는 것이기에 칭찬받을 만한 일이라고 할 수 없다. 그러고 보면 긍휼은 진정 결코 자연스러운 것이 아니다. 저절로 생겨나는 것이 아니라는 뜻에서 그렇다는 말이다. 진정한 긍휼은 거기서 더 나아가야 한다. 우리는 고통을 회피하려 한다. 가능한 한 피할 수 있는 방법을 찾는다. 그렇기에 고통을 향해 다가가는 긍휼은 결코 자연스러운 것이 아니다. 그것은 평범하지도 않고, 비정상적인 것이기까지 하다.

성경은 우리에게 이렇게 명령하고 있다.

> 오직 너희는 원수를 사랑하고 선대하며 아무 것도 바라지 말고 꾸어 주라 그리하면 너희 상이 클 것이요 또 지극히 높으신 이의 아들이 되리니 그는 은혜를 모르는 자와 악한 자에게도 인자하시니라(눅 6:35).

"사랑하라, 선대하라, 꾸어 주라"는 말에 주목하라. 모두 명령형으로 기록되어 있는 것을 알 수 있다. 하나님은 권면하거나 질문하지 않고 명령하셨다. 왜일까? 긍휼은 저절로 생겨나는 자연스러운 것이 아니기 때문이다.

긍휼은 아버지를 닮는 길이다

긍휼은 하나님으로부터 시작된다. 하나님이 긍휼의 아버지이시기 때문이다.

> 너희 아버지의 자비로우심 같이 너희도 자비로운 자가 되라(눅 6:36).

하나님 아버지는 자비로우시다. 어떤 사람은 하나님이니까 당연히 자비로워야 하는 것 아니냐고 생각할지 모른다. 그러나 완전하신 하나님은 긍휼을 베푸실 의무가 없으시다. 그런 분이 스스로 긍휼을 말씀하신 것은 실로 놀라운 일이 아닐 수 없다.

긍휼은 영어로 컴패션(compassion)이다. 이것은 '같이, 함께'(with, together)라는 뜻의 com과 '고통, 아픔'(suffering)이란 뜻의 passion의 합성어다. 따라서 컴패션은 "고통을 함께한다, 고통을 나눈다"는 뜻이 된다. 긍휼의 하나님이 우리의 고통을 나누어 주신다. 피조물과 고통을 나누거나 함께할 이유가 전혀 없는 완전하신 분이 긍휼의 아버지로서 친히 우리의 고통을 짊어지셨다.

시편 기자가 이렇게 말한다.

여호와는 긍휼이 많으시고 은혜로우시며 노하기를 더디 하시고 인자하심이 풍부하시도다(시 103:8).

야고보는 "주는 가장 자비하시고 긍휼히 여기시는 이"(약 5:11)라고 했고, 사도 바울도 "긍휼이 풍성하신 하나님"(엡 2:4)이라고 고백했다. 눈물의 선지자 예레미야는 슬픔 중에도 "여호와의 인자와 긍휼이 무궁하시므로 우리가 진멸되지 아니함이니이다"(애 3:22) 하고 고백했다. 긍휼의 하나님은 우리와 고통을 함께 나누길 원하신다. 주님은 "내가 내 백성의 고통을 분명히 보고, 그들의 부르짖음을 듣고 그 근심을 안다"고 말씀하신다.

하나님의 긍휼하심의 절정은 바로 예수 그리스도다. 완전하신 하나님이 이 땅에 완전한 긍휼로 나타나셨다. 독생자 예수 그리스도가 하늘 보좌를 버리고 이 땅에 오셨다. 그분은 "근본 하나님의 본체시나 하나님과 동등됨을 취할 것으로 여기지 아니하시고 오히려 자기를 비워 종의 형체를 가지사 사람들과 같이"(빌 2:6-7) 되신 분이다. 주님은 우리와 함께하시기 위하여, 우리와 고통을 나누기 위하여 이 땅에 오셨다.

예수님이 사역하시는 장면에는 긍휼이란 단어가 어김없이 등장한다. 가르치실 때, 병을 고치실 때, 먹이실 때마다 그 자리에 항상 긍휼이 있었다. '긍휼히 여기다, 불쌍히 여기다'라는 뜻의 헬라어는 '창자, 내장'이란 뜻도 가지고 있다. 단순히 불쌍히 느끼는 정도가 아니라 내장이 끊어지는 것 같은 아픔과 고통을 속에서부터 함께 느끼는 것이 긍휼이라는 것이다.

주님은 끊임없이 긍휼을 말씀하셨고, 모든 도시와 마을에 두루 다니실 때 주님께 나아오는 무리를 보고 불쌍히 여기셨다(마 9:35-36). 큰 무리를 만나면 그들을 불쌍히 여기어 그들 중에 있는 병자들을 고쳐 주셨다(마 14:14). 또 사람들이 주님과 함께한 지 사흘이 지나자 먹을 것이 떨어져 배고파하는 모습을 보시고 불쌍히 여겨 오병이어의 기적을 베푸시기도 했다(막 8장). 당시 사람들에게 기피 대상이었던 한센병 환자가 주님 앞에 나아와 꿇어 엎드리면 어떻게 하셨는가? 불쌍히 여기어 손을 내밀어 그의 몸을 만지고 "내가 원하노니 깨끗함을 받으라"(막 1:41)고 말씀하셨다. 독자를 잃은 과부를 보고 불쌍히 여기어 죽은 자를 다시 살려 주시기도 했다(눅 7:13-15). 길가에 앉은 두 맹인을 보고 불쌍히 여기어 눈을 만져 고쳐 주시기도 했다(마 20:30-34). 그 밖에도 주님이 사람을 보고 불쌍히 여기셨다는 기록은 일일이 열거할 수 없을 정도로 많다.

사람들의 고통을 함께 느끼고 아파하신 주님이 마침내 십자가에서 긍휼의 절정을 이루셨다. 자신을 십자가에 못 박는 로마 병정들을 향해 주님은 "아버지 저들을 사하여 주옵소서 자기들이 하는 것을 알지 못함이니이다"(눅 23:34) 하고 중보하셨다. 세상 죄를 모두 짊어지고 십자가에서 고통 가운데 돌아가신 예수 그리스도는 하나님의 긍휼하심의 절정이다.

성경이 말하는 긍휼은 차고 넘치는 형편에서 나오는 게 아니다. 먹고 살 만하니까 남을 돌볼 수 있겠다고 생각하는 게 아니다. 하나님의 긍휼을 실천하는 데에 자격 따위는 필요 없다. 나의 상태와도 관계가 없다. 상대의 부족함이 있을 뿐이다. 주님이 십자가의 고통 중에 있을 때 우리를 긍휼히 여기고 기도하셨던 것처럼, 내가 비록 부족하고 연약함 가운데 있지만 안타까운 이들을 향해 불쌍히 여기는 마음을 품는 것이야말로 진짜 긍휼이다.

예수님은 우리가 긍휼의 마음을 품을 때 우리 상이 클 것이요 지극히 높으신 이의 아들이 되리라고 말씀하셨다(눅 6:35). 긍휼의 하나님을 본받아 긍휼을 베풀 때 우리는 하나님과 연합할 수 있다.

삼남매 중 큰아이가 유독 나를 많이 닮았다. 곱슬머리부터 시작해 얼마나 많이 닮았는지 어렸을 때부터 길 가는 사람들이 한눈에 내 딸인 걸 알아볼 정도다. 사람들이 "아빠를 참 많이 닮았구나" 하고 입을 모으곤 했다. 하나님은 긍휼의 아버지이시다. 그분을 따라 긍휼을 베풀면 사람들이 알 것이다. 그리고 말할 것이다. "당신은 아버지를 닮았군요"라고 말이다.

긍휼이 필요할수록 더 베풀어라

어떻게 하면 긍휼의 영성이 생기는가? 답은 간단하다. 바로 자기 자신이 큰 긍휼을 받은 존재임을 깨달으면 된다.

> 너희 아버지의 자비로우심 같이 너희도 자비로운 자가 되라(눅 6:36).

하나님 아버지의 자비로우심이 누구에게 전달되었는가? 그렇다. 그 증거가 바로 나다. 우리는 모두 하나님께 큰 긍휼을 받은 자들이다.

사도 바울은 이렇게 말한다.

> 내가 전에는 비방자요 박해자요 폭행자였으나 도리어 긍휼을 입은 것은 내가 믿지 아니할 때에 알지 못하고 행하였음이라(딤전 1:13).

그는 우리가 긍휼을 입었다고 말한다. 또 긍휼이 풍성하신 하나님이 우리를 사랑하신 그 큰 사랑을 인하여 허물로 죽은 우리를 그리스도와 함께 살리셨고, 함께 일으켜 그리스도 예수 안에서 함께 하늘에 앉히시니 이는 주님 안에서 우리에게 자비하심으로써 그 은혜의 지극히 풍성함을 오는 여러 세대에 나타내려 하신다고 말한다(엡 2:4-7). 또 디도에게 쓴 편지에 이렇게 기록하고 있다.

> 우리 구주 하나님의 자비와 사람 사랑하심이 나타날 때에 우리를 구원하시되 우리가 행한 바 의로운 행위로 말미암지 아니하고 오직 그의 긍휼하심을 따라 중생의 씻음과 성령의 새롭게 하심으로 하셨나니(딛 3:4-5).

하나님의 자비하심으로 우리가 구원을 받았으며, 우리의 구원은 그분의 긍휼하심으로 이루어졌다는 말씀이다. 그러나 하나님의 긍휼하심은 단순히 구원으로 끝나지 않는다. 지금도 우리는 하나님의 긍휼하심 가운데 살고 있다.

자신이 큰 긍휼을 받은 사람이라는 사실을 인정하는 것에서부터 긍휼의 영성이 시작된다. 우리가 연약하고 부족할 때, 실수와 실패로 넘어졌을 때, 고통 중에 몸부림칠 때 하나님이 긍휼을 베푸셨다. 누군가를 통해서 우리 가운데 역사하셨다. 실패로 인해 좌절하고 낙망하고 있을 때 누군가가 우리를 향해서 손을 내밀어 주지 않았던가. 고통 중에 있을 때 누군가가 우리를 돕지 않았던가. 그런 도움 없이, 그런 중보기도 없이, 그런 긍휼의 손길 없이 이 자리까지 온 사람이 과연 몇이나 될까? 우리는 하나같이 모두 하나님의 긍휼을 받은 자들이다.

이 사실을 인정할 때 우리 삶에 변화가 일어난다. 긍휼이 삶에 진정한 행복과 축복을 가져다주고 우리를 성장시킨다. 긍휼을 베풀 때 우리는 더 큰 긍휼을 경험하게 된다.

긍휼히 여기는 자는 복이 있나니 그들이 긍휼히 여김을 받을 것임이요(마 5:7).

긍휼을 베푼다고 생각했는데 나중에 보니 내가 더 많이 받았다고 고백하는 사람이 얼마나 많은지 모른다. 긍휼을 경험함으로써 더 많이 깨닫고, 더 많이 성장할 수 있었다고 고백한다. 오히려 자신에게 큰 축복이 되었다고 고백하기도 한다. 이처럼 하나님은 긍휼을 베푸는 자에게 더 큰 긍휼을 베푸신다. 긍휼을 베푸는 자는 날로 더 성숙하며 아름다워진다.

하나님의 긍휼이 지금 당신 삶에 필요한가? 그렇다면 긍휼을 베풀어라.

긍휼의 강물을 흘려보내는 삶

그렇다면 긍휼을 어떻게 베풀 것인가? 나는 다음 세 가지를 제시하고 싶다.

첫째, 함께하는 것이다. 힘들고 어려운 이들에게 긍휼을 베풀 때 마음도 그들을 향하고 다가가 함께하는 것이다. 우리가 긍휼을 베풀지 못하는 이유는 무엇인가? 내 생각과 편견으로 그들을 판단하기 때문이 아닌가? 공의와 정의를 이야기하지만 자기 기준으로 그들을 정죄하는 순간 진정한 긍휼을 베풀 수 없다.

예수 그리스도의 긍휼을 생각해 보라. 주님은 죄인인 우리에게 다가와 함께하셨다. 아직 죄 중에 있는 우리를 위해 십자가에서 죽기까지 긍휼을 베푸셨다. 우리도 주님처럼 힘든 이웃들, 긍휼이 필요한 이들을 돌아보아야 한다.

경제적인 어려움 가운데 불안과 두려움을 경험한 적이 있는가? 그렇다면 그런 사람들을 위해 같은 마음을 품을 수 있다. 무시를 당하거나 왕따를 당한 경험이 있는가? 그렇다면 그들이 느끼는 아픔과 고통을 헤아릴 수 있다. 이혼의 아픔을 겪거나 사랑하는 사람을 먼저 떠나보내고 외로움과 두려움으로 고통을 느낀 적이 있는가? 그렇다면 그런 고통을 당한 이들에게 위로가 되어 줄 수 있다.

우리는 긍휼의 마음을 품고 이 땅을 살고 있는 이웃들을 향해 여러 모양으로 나아갈 수 있다. 소외당하고 버려진 상태에서 눈물이 멈추지 않는 이들을 볼 때, 뒤돌아보면 우리도 그런 때가 있었음을 깨닫는다. 그때마다 주님의 긍휼을 경험했기에 지금 고통 중에 있는 이들을 바라보며 불쌍히 여기고 주님이 주시는 긍휼의 마음을 품을 수 있다.

질병 때문에 살 소망이 사라지고 고통 중에 있는 사람들, 관계 때문에 힘들고 어려운 이들을 향해 긍휼의 마음을 품고 다가가 함께하는 것, 그래서 그들의 아픔과 고통과 눈물이 우리 마음에 함께하는 것. 이것이 진짜 긍휼을 베푸는 삶이다.

물론 긍휼로써 모든 고통을 해결하진 못한다. 정확히 말하자면 긍휼이 고통의 해답은 아니다. 긍휼이 하는 일은 고통을 없애는 것이 아니라 나누는 것이기 때문이다. 결코 아픔을 혼자 겪지 않아도 된다는 사실을 알려 주는 것이다. 고통 중에 있는 사람이 스스로 자신을 하나님과 사람으로부터 사랑받는 소중한 존재로 받아들이기까지 인내하며 기다리는 것이다. 주님이 우리에게 먼저 다가와 죄를 대신 짊어지고 죽기까지 함께하셨던 그 마음처럼 말이다.

둘째, 기도하는 것이다. 기도할 때, 그들을 품을 수 있는 은혜를 하나님이 주신다. 그래서 내 고난을 위한 기도만이 아니라 그들의 고난을 위해서 긍휼을 구하는 기도를 할 수 있게 된다. 기도는 긍휼을 베푸는 또 하나의 방법이다. 긍휼의 기도는 긍휼의 행동을 만들어 내기 때문이다.

혹시 당신의 기도 가운데 긍휼의 대상을 위한 기도가 빠져 있지는 않은가? 긍휼의 마음으로 그들을 품고 기도할 때 하나님이 역사하신다.

우리 지구촌교회는 성도들이 많다 보니 일주일에도 몇 차례씩 장례 예배를 드리곤 한다. 다 참석할 수는 없지만 장례 관련 보고는 꼭 챙겨서 본다. 참석하든 못하든 사랑하는 자들을 주님께 보내고 슬픔 가운데 있는 가정을 위해 계속해서 기도한다. 비록 짧은 시간이라도 기도 시간을 통해 유족들의 아픔에 동참할 수 있기 때문이다.

셋째, 돌보는 것이다. 긍휼은 행동으로 나타나게 마련이다. 단순히 불쌍히 여기는 감정을 느끼는 것으로 끝나지 않고, 느낀 바에 따라 행동이 수반된다. 누가복음 10장에 나오는 착한 사마리아인의 이야기를 기억할 것이다. 강도를 당해 거의 죽게 된 채로 쓰러져 있는 한 사람이 있었다. 수많은 사람이 그곳을 지나갔지만 쓰러진 그를 보고 불쌍히 여겨 다가간 사람은 사마리아인뿐이었다. 그는 쓰러져 있는 사람에게 다가가 기름과 포도주를 상처에 붓고 싸매고 자기 짐승에 태워 주막으로 데려가서 돌보아 주었다. 그게 끝이 아니다. 이튿날 주막 주인에게 돈을 지불하며 그를 돌보아 줄 것을 부탁했다. 이처럼 긍휼에는 행동이 뒤따른다. 불쌍히 여기는 것으로 그치지 않고 가까이 다가가서 돌보고 값을 대신 치르기도 한다.

마태복음 25장에서 양과 염소의 비유를 들려주면서 주님이 하셨던 말씀을 되새겨 보자. 왼편에 있는 자들을 향해 이렇게 말씀하셨다.

내가 주릴 때에 너희가 먹을 것을 주지 아니하였고 목마를 때에 마시게 하지 아니하였고 나그네 되었을 때에 영접하지 아니하였고 헐벗었을 때에 옷 입히지 아니하였고 병들었을 때와 옥에 갇혔을 때에 돌보지 아니하였느니라 하시니(마 25:42-43).

그러자 그들이 물었다.

주여 우리가 어느 때에 주께서 주리신 것이나 목마르신 것이나 나그네 되신 것이나 헐벗으신 것이나 병드신 것이나 옥에 갇히신 것을 보고 공양하지 아니하더이까(마 25:44).

주님의 대답에서 우리는 긍휼이 어떠해야 하는지를 알 수 있는 단초를 얻는다.

이 지극히 작은 자 하나에게 하지 아니한 것이 곧 내게 하지 아니한 것이니라(마 25:45).

긍휼에는 실제적인 돌봄이 있어야 한다는 뜻이다. 긍휼의 영성을 연구하느라 묵상하면서 눈물을 세 번 흘렸다. 내 자신이 얼마나 긍휼하지 못한 사람인가 생각하면서 울었다. 또 그러한 나임에도 불구하고 하나님이 내게 얼마나 많은 긍휼을 베푸시는지를 생각하니 눈물이 흘렀다. 마지막으로, 주님의 긍휼하심으로 세상을 돌아보자 긍휼이 필요한 사람들이 눈에 들어와 또 한 번 눈물을 흘렸다.

"아버지 당신의 마음이 있는 곳에"라는 찬양 가사처럼 하나님의 마음이 있는 곳에 우리 마음이 있기를 원하고, 하나님의 눈물이 있는 그곳에 우리 눈물이 떨어지기를 원하고, 주님이 달려가시는 그곳에 우리도 달려가길 원한다. 주님이 움직이시는 곳에 우리 손이 움직이기를, 우리 마음이 하나님 아버지의 마음이 되어 긍휼이 필요한 이웃들에게 하나님의 긍휼을 전하는 하나님의 교회가 되기를 소망한다. 우리 모두 각자가 가장 큰 긍휼을 입은 자로서 긍휼의 아버지를 따라 메마른 삶 가운데 긍휼의 강물을 흘려보내는 통로가 되길 바란다.

:

하나님은 긍휼의 아버지이시다.

그분을 따라 긍휼을 베풀면

사람들이 알 것이다.

그리고 말할 것이다.

"당신은 아버지를 닮았군요"라고 말이다.

:

chapter 12

용서

: 용서를 할 수 없는 사람들에게

용서의 목적은
관계의 회복에 있다

"여러분 중에 혹시 마음에 미워하는 사람이 한 명도 없는 분이 있다면 손들어 보시겠어요?"

어떤 목사가 설교 중에 이렇게 물었다. 예배당엔 잠시 침묵이 흘렀고, 아무도 손을 들지 않았다. 당연히 그럴 거라고 예상했던 목사가 설교를 이어 가려는 순간 뒤쪽에 앉아 있던 나이 많은 어르신이 손을 드는 게 아닌가. 깜짝 놀란 목사가 물었다.

"어르신, 정말 마음에 싫어하는 사람이 아무도 없습니까?"

그랬더니 그분이 대답했다.

"옛날엔 많았는데, 지금은 다 죽었어."

그 사람은 세상을 떠났을지 모르지만 상처는 여전히 남아 우리를 괴롭히곤 한다. 사람은 누구나 불완전하기에 용서의 문제로 고민해 보지 않은 사람이 없을 것이다. 상대를 위해서뿐만 아니라 자신을 위해서도 용서해야 한다는 사실을 잘 알지만 생각처럼 쉽지 않은 게 사실이다. 아니, 어떤 경우에는 용서라는 말만 들어도 견디기 힘들 때가 있다. 용서가 안 된다. 용서할 수가 없다. 용서하라는 예수님의 말씀에 순종해야 한다는 걸 알면서도 마음이 움직이지 않아 죄책감에 힘겨워한다. 씻을 수 없는 상처를 준 사람을 용서하라는 하나님의 말씀이 불편하게 다가오기도 한다. 그런가 하면 용서하고 싶어도 어떻게 해야 할지 몰라 하지 못하는 경우도 있다.

용서할 수 있다면 혹은 용서를 받을 수 있다면 우리 삶에 어떤 놀라운 일들이 벌어질까? 하나님은 용서에 대해서 뭐라고 말씀하시는가에 대해 자세히 살펴보자.

진정한 용서는 말이 아닌 행동이다

용서에 대한 말씀 중 가장 인상적인 구절 중에 하나는 바로 이것이다.

> 그러므로 예물을 제단에 드리려다가 거기서 네 형제에게 원망들을 만한 일이 있는 것이 생각나거든 예물을 제단 앞에 두고 먼저 가서 형제와 화목하고 그 후에 와서 예물을 드리라(마 5:23-24).

하나님께 예배를 드리다가 형제에게 원망 들을 만한 일이 생각나면 예물을 놓고 가서 먼저 그와 화해하고 난 뒤에 예배를 드리라는 말씀이다. 신앙생활을 오래 한 사람들은 귀에 못이 박히도록 들은 말씀일 것이다. 이 구절은 용서의 중요성에 대해 이야기할 때 흔히 인용되곤 한다. 그런데 사실 말씀을 조금만 더 깊이 보면 그렇지 않다는 것을 알 수 있다.

이 구절에서 말씀하시는 용서의 첫째 원리는 용서를 구하는 것이다. "네 형제에게 원망 들을 만한 일이 있는 게 생각나거든"에서 알 수 있듯이 잘못한 사람은 바로 나다. 상대방이 내게 잘못한 것을 용서해 주라는 얘기가 아니다. 내가 상처를 주고, 내가 마음을 아프게 하고, 내가 힘들게 하고, 내 연약함과 부족함 때문에 고통을 준 일들이 생각나거든 예물을 놓고 가서 그들과 화해하라는 말씀이다. 다시 말해 그들에게 용서를 구하라는 말씀인 것이다.

이를 좀 더 명확하게 하기 위하여 주님은 바로 다음 절에서 또 다른 사례를 들어 설명하셨다.

> 너를 고발하는 자와 함께 길에 있을 때에 급히 사화하라 그 고발하는 자가 너를 재판관에게 내어 주고 재판관이 옥리에게 내어 주어 옥에 가둘까 염려하라(마 5:25).

그가 왜 고발하려고 하는가? 내가 잘못했기 때문이다. 그러니 법정에 가기 전에 얼른 잘못을 인정하고 용서를 구하라는 것이다. 용서가 잘 안 되는 우리에게 용서의 책임감을 말씀하신 게 아니라 우리가 용서를 받아야 하는 존재임을 먼저 알게 하신 것이다. 이것이 중요한 요점이다.

교회에서도 상처받았다는 말을 자주 듣는다. 그런데 이상하게도 상처받은 사람은 많은데 상처를 주었다는 사람은 별로 없다. 하나님 앞에서 정직하다면 자신이 한 일을 부인하지는 못할 것이다. 내가 잘못하고, 내가 불편하게 하고, 내가 고통 준 것들을 생각나게 해 달라고 기도하라. 그리고 생각나거든 지체하지 말고 그에게 가서 용서를 구하라.

그렇다면 '원망 들을 만한 일', 즉 내가 받아야 할 용서의 범위는 어디까지인가? 이에 대해서 예수님이 말씀하셨다.

> 옛 사람에게 말한 바 살인하지 말라 누구든지 살인하면 심판을 받게 되리라 하였다는 것을 너희가 들었으나 나는 너희에게 이르노니 형제에게 노하는 자마다 심판을 받게 되고 형제를 대하여 라가라 하는 자는 공회에 잡혀가게 되고 미련한 놈이라 하는 자는 지옥 불에 들어가게 되리라(마 5:21-22).

십계명 중 살인하지 말라는 계명이 있다. 그러나 예수님은 손에 칼을 쥐고 살인하지 않았더라도 마음으로 죽이고, 마음

188

으로 욕하고, 마음으로 힘들게 하고, 마음으로 미련한 자라고 욕하는 것까지도 영적인 살인과 같다고 말씀하셨다. 그런 사람은 심판을 받게 되고 지옥 불에 들어가게 될 것이라고까지 하셨다.

이런 일이 생각난다면 가서 용서를 먼저 구하고 화해해야한다. 빚을 청산하라는 얘기다. 빚을 다 갚고 나서 깨어진 관계를 회복하는 것이다. 이것은 원수, 우리를 고발하는 자에게도 마찬가지다. 아니, 교회에서 함께 예배를 드리는 형제들도 마찬가지다. 일에 우선순위가 있다는 말이며, 무엇보다도 관계 회복이 중요하다는 것이다.

이 말씀이 오늘날 교회에서 실제로 이루어진다고 상상해 보라. 성도들이 주일예배를 드리기 위해 예배당을 가득 메웠다. 찬양하는 중에 갑자기 내가 상처 준 사람이 생각나고, 말씀을 듣다가 어떤 사람에 대해 나쁜 마음을 품었던 것이 떠오른 사람이 자리에서 일어나 자기가 상처를 주었던 사람을 찾아가 용서를 구하는 것이다. 찾아가서 잘못을 시인하고 용서를 구하고 화해하는 것이다. 그러고 나서야 교회로 돌아와 예배를 드려야 한다. 과연 몇 명이나 끝까지 예배를 드릴 수 있을지 걱정되긴 한다. 중요한 것은 하나님 앞에 나오는 것보다 먼저 용서를 구하는 것이다.

아울러 용서의 목적은 관계의 회복에 있다. 용서는 단순히 미안한 마음을 품는 것으로 끝나지 않는다. 미안하다고 말하는 것이 전부도 아니다. "예물을 제단 앞에 두고 먼저 가서 형제와 화목하고 그 후에 와서 예물을 드리라"(마 5:24)는 말씀을 자세히 들여다보라. 특별히 서술어를 주의 깊게 보기 바란다. 예물을 '놓으라'고, '일어나 나가라'고, '가서 화해하고 다시 돌아오라'고 하셨다. 모두 동사다. 용서는 말이 아닌 행동인 것이다.

예를 들어, 친구의 만년필이 탐나서 아무도 몰래 가져왔다고 가정해 보자. 양심의 가책을 느꼈다면 친구에게 미안한 마음을 품는 것으로 끝내서는 안 된다. 친구를 찾아가 미안하다고 말하는 것으로도 부족하다. 진정으로 용서를 구한다면 미안하다고 사죄할 뿐 아니라 만년필을 들고 가서 돌려주어야 하는 것이다.

용서는 용서를 낳는다

지금 하나님이 생각나게 하시는 사람이 있는가? 어떤 사건이나 상황이 생각나는가? 그 대상이 의외로 가까운 사람일 수 있다. 가족처럼 말이다. 그럴 의도는 아니었는데 어쩌다 보니 상처를 주고 고통을 주었다면, 미루지 말고 가서 용서를 구하고 화해하기 바란다. 나만 잘못한 게 아니라 상대방도 잘못했다며 억울해할지도 모른다. 그러나 상대방이 무엇을 잘못했는가를 따지기 전에 자신이 잘못한 부분에 대해서 용서를 구하라. 이것이 성경적 용서의 원리다.

'이미 오래전 일인데 설마 그걸 기억할까?'

'다 지난 일인데, 굳이 다시 그 이야기를 꺼내야 하나.'

'아픈 상처를 헤집어서 또 고통받을 필요가 있을까?'

이런 생각을 할 수도 있다. 그러나 곰곰이 생각해 보라. 해결되지 않은 일들이 내 안에 남아 계속해서 나를 힘들게 하지 않던가? 뿐만 아니라 깨끗한 관계로 성장하지 못하도록 끊임없이 방해하지 않던가? 하나님과의 관계는 물론이고 사람들과의 관계에도 악영향을 미치지 않더냐는 말이다.

때로 상대방은 기억조차 하지 못할 수도 있다. 내가 그런 마음을 품었다는 사실조차 모르고 있을 수 있다. 그러나 하나님이 내게 생각나게 하셨고, 용서를 구하라고 명하셨다면 우리는 주님의 말씀에 순종해야 한다. 직접 만날 수 있으면 만나는 게 좋고, 상황이 여의치 않다면 전자우편이나 전화로라도 용서를 구하길 바란다. 그렇게 함으로써 하나님과도, 그 사람과도 이전보다 더 좋은 관계를 맺을 수 있기 때문이다.

용서를 구하는 것 못지않게 중요한 것이 있다. 바로 용서하는 것이다. 용서에 대한 또 하나의 중요한 말씀이 있다.

그 때에 베드로가 나아와 이르되 주여 형제가 내게 죄를 범

하면 몇 번이나 용서하여 주리이까 일곱 번까지 하오리이
까 예수께서 이르시되 네게 이르노니 일곱 번뿐 아니라 일
곱 번을 일흔 번까지라도 할지니라(마 18:21-22).

당시 랍비들은 세 번 용서하기를 가르쳤다. 세 번씩이나 용
서했다면 무척 잘한 것이다. 신앙인으로서 해야 할 기본적인
의무를 지켰다고 할 수 있다. 그런데 베드로는 자신이 누구보
다도 더 관대한 사람이란 걸 은근히 과시하기 위해 일곱 번이
라고 말한 것으로 보인다.

"주님, 우리가 일곱 번 용서하면 될까요?"

그는 이렇게 질문하면서 칭찬을 기대했을지도 모른다. 그런
데 예수님의 대답은 그의 예상을 빗나갔다.

"일곱 번뿐 아니라 일곱 번을 일흔 번까지 하라."

계산하면 490번이다. 딱 490번 용서하면 된다는 뜻일까?
아니다. 용서는 계속되어야 한다는 뜻이다. 한번 선포하고 끝
나는 것이 아니라 용서가 온전히 이루어질 때까지 계속해야
한다는 것이다.

예수님은 이어서 악한 종의 비유를 들려주셨다. 왕에게 일
만 달란트를 빚진 종이 있었다. 일만 달란트는 지금 돈으로 환
산하면 약 4조 2천억 원이다. 상상이 되는가? 지금도 어마어
마한 금액인데 당시에는 더욱 그랬다. 결산일이 되었지만 갚

을 수가 없었다(마 18:25). 그런 그를 왕이 불쌍히 여겨 빛을 탕감해 주었다. 용서의 또 다른 뜻은 '탕감해 주다'이다. 자유롭게 해 주는 것이다.

그런데 그 종이 나가서 자기에게 백 데나리온 빚진 자를 만났다. 백 데나리온은 우리 돈으로 환산하면 700만 원 정도다. 4조 2천억 원을 탕감받은 사람이 700만 원 빚진 자를 어떻게 대했는지 보라.

> 그 종이 나가서 자기에게 백 데나리온 빚진 동료 한 사람을 만나 붙들어 목을 잡고 이르되 빚을 갚으라 하매 … 허락하지 아니하고 이에 가서 그가 빚을 갚도록 옥에 가두거늘 (마 18:28, 30).

멱살을 잡고 빨리 빚을 갚으라고 독촉하고는 감옥에 가둬 버렸다. 왕이 이 이야기를 전해 듣고 악한 종을 다시 잡아들이고 이렇게 책망했다.

> 내가 너를 불쌍히 여김과 같이 너도 네 동료를 불쌍히 여김이 마땅하지 아니하냐(마 18:33).

결국 그 종은 빚을 다 갚도록 옥살이를 해야 했다. 예수님은 이 비유를 다 들려준 뒤 이야기의 핵심이 무엇인지 말씀해 주셨다.

> 너희가 각각 마음으로부터 형제를 용서하지 아니하면 나의 하늘 아버지께서도 너희에게 이와 같이 하시리라(마 18:35).

우리의 용서에 앞서 하나님의 용서하심을 이야기하지 않고서는 용서에 대해 결코 말할 수 없다. 700만 원도 적지 않은 금액이다. 하지만 4조 2천억 원에 비하면 새 발의 피다. 뒤집어서 생각하면 4조 2천억 원을 탕감 받은 것을 기억하지 못한다면 아무리 적은 금액이라도 결코 탕감해 줄 수 없다는 뜻이다. 그러므로 우리는 하나님의 용서를 배워야 한다. 우리를 용서하시는 주님을 알고 용서를 경험할 때 비로소 우리도 용서할 수 있다. 그리고 우리가 용서할 때 하나님이 베푸시는 더 큰 용서를 경험할 수 있다.

하나님의 용서를 배우기 위해서 내 죄가 얼마나 심각한지를 진지하게 다루지 않으면 안 된다. 그렇지 않고서는 진정한 하나님의 용서하심을 경험할 수 없기 때문이다. 예수님이 우리를 위해서 이 땅에 오셨다. 우리 죄를 모두 짊어지고 십자가에 달리셨다. 자신을 못 박은 로마 병정들을 향하여 용서를 선포하셨다. 자신이 죄인이라는 사실조차 제대로 알지 못했던 우리를 용서하신 하나님, 그분의 용서하심을 깨닫는 순간 우리는 다른 사람을 용서할 수 있는 자리로 나아간다. 그러나 이것이 끝이 아니다. 용서를 통해 우리는 하나님의 용서하심의 깊이와 넓이를 다시금 경험하게 된다.

주기도문이 말하는 용서

용서에 대해서 마태복음 18장의 메시지와 맥을 같이 하는 말씀이 있다. 바로 우리가 잘 알고 있는 주기도문이다.

> 우리가 우리에게 죄 지은 자를 사하여 준 것 같이 우리 죄를 사하여 주시옵고(마 6:12).

우리는 우리 죄를 사하여 달라고 기도한다. 이것은 구원을 위한 죄 사함을 말하는 게 아니다. 일상생활에서 범하는 자범죄를 용서해 달라는 것이다. 이 땅을 사는 동안 인간은 하나님의 긍휼과 용서를 끊임없이 필요로 한다. 그런데 조건이 달려 있다. "우리가 우리에게 죄 지은 자를 사하여 준 것 같이"(마 6:12). 그래서 어떤 성경 학자는 주기도문 가운데 이 기도야말로 가장 실천하기 힘든 부분이라고 말했다.

하나님의 용서하심이 우리의 용서를 전제로 한다는 것이

사실인가? 의아하게 생각될 수도 있지만 사실이다. 성경은 단호하게 다시 한 번 분명하게 밝힌다.

> 너희가 사람의 잘못을 용서하면 너희 하늘 아버지께서도 너희 잘못을 용서하시려니와 너희가 사람의 잘못을 용서하지 아니하면 너희 아버지께서도 너희 잘못을 용서하지 아니하시리라(마 6:14-15).

왜 이렇게까지 하나님은 강력하게 우리의 용서를 중요하게 여기시는가? 그 이유는 이렇다. 용서가 없으면 우리가 자신 안에 갇히기 때문이다. 하나님은 우리가 용서를 통해 과거의 잘못된 고리에서 해방되기를 원하신다. 용서가 없다면 우리는 늘 불안해하며 수치와 분노로 몸부림칠 것이다. 이것을 잘 아시는 주님이 우리를 새롭게 하기 위해, 바꿀 수 없는 과거의 일들로부터 해방시켜 새로운 미래를 열게 하기 위해 용서를 말씀하셨다.

용서는 상처를 부인하지 않는다. 내 잘못이 아님에도 불구하고 내 잘못인 것처럼 다른 사람의 온전치 못한 비난을 받아들이는 것이 아니다. 너그럽게 눈을 감고 그냥 지나치는 것이 아니다. 용서는, 하나님이 우리에게 베푸시는 하나님의 용서하심을 경험하고 타인을 향한 과거의 잘못된 고리에서부터 해방되는 것을 이야기한다. 과거의 지배에서부터 새롭게 되는 것을 말한다. 하나님은 우리의 용서를 통해 우리를 자유케 하고 새롭게 하신다. 일곱 번을 일흔 번까지라도 용서하라고 말씀하시는 주님의 용서가 바로 우리를 향한 하나님의 사랑을 증거한다. 용서는 인간의 죄에 대한 하나님의 가장 근본적인 반응이다. 우리는 용서할 때 비로소 새로워지고, 용서할 때 비로소 자유로워진다. 용서는 새로운 미래를 향해 나아가는 회복의 첫걸음이다.

증오는 결코 사랑을 이길 수 없다

용서하라는 말씀을 들으면서도 이에 동의할 수 없다는 이들이 있을 수 있다. 그들은 이렇게 이야기할지 모르겠다.

"그 사람이 나한테 어떻게 했는지 안다면 용서하란 말이 그렇게 쉽게 나오지 않을 겁니다."

"잘못은 그들이 했는데, 더군다나 내게 용서를 구하지도 않는데 내가 왜 용서해야 합니까?"

그 마음, 십분 이해한다. 그러나 용서하지 않는 고통과 상처가 쓴 뿌리가 되어 내게 독이 되고 있다는 사실을 기억했으면 좋겠다. 내가 용서하지 않으면 그 상처가 고스란히 나의 분노와 노여움과 수치 가운데 독이 되어 나를 해치게 될 것이다.

누구보다도 그걸 잘 아는 하나님이시기에, 나를 사랑하시기에 내가 용서함으로써 그 고통에서 벗어나길 원하시는 것이다. 용서는 다른 누가 아닌 바로 나를 자유케 하고 새롭게 한다.

2015년 6월 미국을 경악하게 만든 총기 난사 사건이 발생했다. 스물한 살의 백인 청년 딜런 루프(Dylann Roof)가 사우스캐롤라이나 주 찰스턴의 유서 깊은 흑인 감리교회인 임마누엘 아프리칸 교회(Emanuel African Methodist Episcopal Church)에 들어가 성경 공부 중이던 성도들을 향해 무차별 총격을 가한 것이다. 이 사고로 아홉 명이 죽었고 세 명이 중상을 입었다. 사건이 일어난 지 며칠 후에 공판이 열렸다. 사우스캐롤라이나 주에는 최종 선고를 하기 전에 유족들이 가해자에게 말할 기회를 주는 관례가 있다고 한다. 그 내용이 텔레비전으로 그대로 방영되었다. 유족들의 음성만 들려왔다. 유족 한 사람, 한 사람이 딜런에게 한마디씩 했는데, 그 내용이 전 세계인들의 마음에 큰 울림을 주었다.

희생자 미라 톰슨의 유족인 앤서니 톰슨이 말했다.

"나는 당신을 용서하고 우리 가족도 당신을 용서합니다. 당신이 우리의 용서를 참회의 기회로 삼아 지금보다 더 나은 사람이 되기 바랍니다."

아들을 잃은 샌더슨은 이렇게 말했다.

"우리는 두 팔을 벌려 당신을 성경 공부 모임에 받아들였지만, 당신은 내가 알기로 세상에서 가장 아름다운 사람들을 죽였습니다. 내 몸의 살 하나하나가 모두 아프고, 나는 예전처럼 살아가지 못할 것입니다. 그러나 하나님이 당신에게 자비를 베풀어 주시기를 기도합니다."

어머니를 잃은 네이슨 콜리어가 말했다.

"당신을 용서해 달라고 하나님께 기도합니다. 엄마를 다시 안을 수 없고, 다시는 함께 이야기를 나눌 수 없으며, 많은 이들이 당신 때문에 고통스러워 하지만, 하나님은 당신을 용서하실 것이고 나 또한 당신을 용서합니다."

할아버지를 잃은 앨렌은 "할아버지와 다른 희생자들이 증오의 손에 의해 돌아가셨지만 모두가 당신의 영혼을 위해 기도하고 있습니다. 이는 우리가 사랑으로 살아왔으며, 이번 사건도 사랑을 유산으로 남기며 증오는 결코 사랑을 이길 수 없는 것을 보여 주는 증거로 삼을 것입니다"라며 울먹거렸다.

하루아침에 사랑하는 가족을 잃었지만 그들은 하나같이 용서를 말했다. 비단 이 사건뿐 아니라 다른 사건들에서도 종종 이런 용서를 보게 되곤 한다. 결코 쉽지 않은 결정을 내리는 사람들이 있다. 그 상황에서 어떻게 용서할 수 있는지, 어떻게 그런 용기를 낼 수 있는지…. 그렇기에 더 큰 울림이 되는 건지도 모른다.

Part 4

매일 세상과 가까워지기

일상에서
작은 예수로

chapter 13

일

: 일이 고통스러운 사람들에게

하나님과 함께하면
기쁨을 주신다

월요병이라는 말을 들어 봤을 것이다. 영어로 'monday blues'인데. 그러고 보면 월요병은 전 세계에 어디에나 있는 것 같다. 주말을 보내고 난 월요일 아침이면 피곤이 더하고 무기력해지기까지 한다. 이런 증상을 월요병이라고 한다.

한 연구 조사 결과를 보니 월요병이 얼마나 심각한지 알 수 있었다. 월요일에 보통 50%가 지각을 한다고 한다. 심장마비 발생 빈도가 다른 요일보다 20% 높다. 불평이 제일 많은 것도 월요일인데, 평균 12분씩 불평한다고 한다. 또 월요일 오전 11시 16분이 되기 전까지는 거의 안 웃는다고 한다. 그래서 연구자는 오전 11시 16분부터 웃기 시작하자고 제안했다. "어떻게 하면 월요일에 좀 더 기쁘게 일할 수 있을까?"라는 질문에 어떤 사람이 이런 의견을 내기도 했다. 인터넷 주문을 할 때 배송지를 회사로 하고, 배송일을 월요일로 정하면 월요일 출근이 기다려지지 않겠느냐는 것이다. 재밌는 아이디어이지만 그렇다고 매주 쇼핑을 할 수도 없지 않은가.

그리스도인은 자신이 하나님의 영광을 위해 산다고 말하곤 한다. 그러나 정작 인생의 많은 시간은 일하는 데 보낸다. 그러니 우리는 일을 통해서 하나님께 영광을 돌리는 삶을 어떻게 살 것인지 질문하지 않을 수 없다. 실제로 많은 사람이 일터에서 어떻게 살아야 하는지를 놓고 고민한다. 세상 속에서 사는 것도 힘든데, 거기서 믿음이나 신앙을 얘기하는 것은 현실을 잘 모르고 하는 이야기라고 일축해 버리기도 한다. 일하고 싶어도 일자리를 얻지 못한 사람들은 그런 일거리라도 있었으면 좋겠다고 할 것이다.

우리 삶과 떼려야 뗄 수 없는 일, 하나님은 일을 어떻게 보시는지 말씀을 통해 그 영적 원리를 알아보자.

하나님의 소명으로 일하라

> 네 손이 일을 얻는 대로 힘을 다하여 할지어다 네가 장차 들어갈 스올에는 일도 없고 계획도 없고 지식도 없고 지혜도 없음이니라(전 9:10).

마지막 때가 되면, 일을 하고 싶어도 더 이상 할 수 없다. 죽으면 더 이상 일도 없다. 일할 수 없는 밤이 올 텐데, 그전에 힘을 다해 일하라고 성경은 말한다. 하나님은 우리가 일하는 것을 원하신다. 신성한 노동은 하나님의 뜻이라는 말씀도 있다. 아담이 죄를 짓지 않았다면 힘든 일을 하지 않아도 됐을 텐데, 아담 때문에 일하는 고통을 받게 되었다고 말하는 사람이 있는데, 그것은 오해다. 성경을 자세히 보면, 아담의 죄 때문에 일이 생긴 게 아니다. 일은 그전부터 있었다. 다만 아담의 죄 때문에 일이 고통스러워졌고, 생존을 위한 수단이 되었다는 것이다.

아담의 범죄 이전에 하나님은 "그들에게 복을 주시며 하나님이 그들에게 이르시되 생육하고 번성하여 땅에 충만하라, 땅을 정복하라, 바다의 물고기와 하늘의 새와 땅에 움직이는 모든 생물을 다스리라"(창 1:28)고 축복하셨다. 일은 하나님의 축복이다. 하나님은 우리가 일하기를 원하신다. 태초에 하나님은 "아담을 이끌어 에덴 동산에 두어 그것을 경작하며 지키게"(창 2:15) 하셨다. 하나님이 아담에게 일거리를 주신 것이다. 신성한 노동의 결과로 소득을 얻는 것은 지극히 성경적인 것이다.

이전에 사역하던 교회에서 있었던 일이다. 어느 부부가 이제 곧 태어날 아기의 이름을 지어 달라고 했다. 나는 그때까지 한 번도 그런 부탁을 받아 본 적이 없었다. 얼떨결에 그러겠다고 대답해 놓고 일주일 동안 거의 잠을 못 잤다. 이름 석 자 짓는 게 뭐 그리 큰일이겠나 생각했는데 실상은 그게 아니었던 것이다. 내가 지어 주는 이름을 그 아이가 평생 갖고 살 것이라고 생각하니 대충 할 수가 없었다. 엄청난 책임감과 압박감이 느껴졌다.

> 여호와 하나님이 흙으로 각종 들짐승과 공중의 각종 새를 지으시고 아담이 무엇이라고 부르나 보시려고 그것들을 그에게로 이끌어 가시니 아담이 각 생물을 부르는 것이 곧 그 이름이 되었더라(창 2:19).

나는 부탁받은 아이의 이름 하나를 짓느라 골몰하는데, 아담은 얼마나 힘들고 어려웠을까 다시 생각하게 되었다.

하나님이 우리에게 일을 주셨다. 그리고 하나님도 일하신다. 태초에 엿새 동안 일하고 난 후에 지으신 것들을 보고 좋았다고 말씀하셨다. 예수님도 "내 아버지께서 이제까지 일하시니 나도 일한다"(요 5:17)고 말씀하셨다. 일하는 것은 하나님의 뜻이다.

우리가 일할 때 하나님의 창조에 동참하게 된다. 일할 때 하나님과 연결되고, 일할 때 하나님을 닮아 간다. 일할 때 하나님 말씀에 순종하게 되고, 일할 때 하나님을 기쁘시게 할 수 있다.

전도서의 "네 손이 일을 얻는 대로"(전 9:10)라는 구절을 보면 일이란 하나님으로부터 오는 것임을 알 수 있다. '얻는다'는 것은 그것을 주는 이가 따로 있다는 뜻이다. 누가 일을 주는가? 바로 하나님이시다. 하나님이 우리에게 일을 주신다. 하나님이 시키고 맡기신 일이니 힘을 다해 열심히 해야 한다는 것이다.

그렇다면 일이란 주의 것인가? 그렇다. 그래서 일은 거룩하다. 우리는 이것을 성직이라고 부른다. 거룩한 일을 하는 사람을 성직자라고 한다. 하나님이 우리에게 맡기신 그 일을 하나님의 부르심이라 한다.

주일에 교회에서 하는 일은 하나님의 일, 6일 동안 세상에서 하는 일은 내 일이라고 흔히 생각한다. 하지만 그것은 잘못된 해석이다. 일상생활에 주어진 일도 하나님이 주신 거룩한 일이므로 하나님의 일이다. 직장에서 사무를 보는 것도, 사업을 하는 것도, 가정에서 밥하고 빨래하는 것도 하나님의 일이다. 하나님이 우리에게 주신 소명이다. 그러므로 우리가 하는 일은 어쩔 수 없이 하는 것이 아니다. 단순히 경제적 소득을 얻기 위한 것도 아니다. 목구멍이 포도청이기에 먹고살기 위해 하는 것이 아니다. 하나님이 각자에게 맡기신 일은 하나님의 소명으로 여기고, 소명을 이루기 위해 신실하게 감당해야 한다.

사도 바울은 "우리가 너희와 함께 있을 때에도 너희에게 명하기를 누구든지 일하기 싫어하거든 먹지도 말게 하라"(살후 3:10)고 말했다. 일하기 싫어하는 사람은 먹지도 말라는 것이다. 이는 일할 수 없는 사람들, 즉 노약자나 병약자를 두고 하는 말이 아니다. 일할 수 있음에도 불구하고 일하지 않는 사람들을 가리켜 한 말이다. 성경은 그런 사람들은 먹지도 말라며 노동의 보편성을 강조하고 있다. 일하는 것이 중요하다. 무위도식하거나 땀 흘리지 않고서 일확천금을 노리거나 요행을 바라는 것은 성경적이지 않다. 도박, 복권, 무리한 투자 같은 것들이 다 비성경적이다.

노동은 신성한 의무다. 하지만 일 자체로 만족할 수 없다. 하나님이 허락하신 일을 감당할 때 우리를 만족시키시는 하나님을 발견할 뿐이다. 직업에 귀천이 없다. 우리가 하나님 앞에 설 수 있는 이유는, 우리가 그분의 자녀이기 때문이다. 우리가 하는 일로, 우리의 직업으로 결정되는 게 아니라 존재로 결정된다.

하나님께 하는 것 같이 일하라

하나님의 부르심 가운데, 우리에게 주신 일을 해 나갈 때 주께 하듯 해야 한다. "힘을 다하여"(전 9:10) 해야 한다. 힘을 다한다는 것은 최선을 다하는 것, 열심히 하는 것, 성실히 하는 것,

능숙하게 잘하는 것을 의미한다. 사도 바울은 "무슨 일을 하든지 마음을 다하여 주께 하듯 하고 사람에게 하듯 하지 말라"(골 3:23)고 권면했다. 일을 하면서 의식해야 할 대상은 직장 상사나 고용주가 아니다. 주변 사람들의 판단이나 평가도 아니다. 우리를 언제 어디서나 지켜보고 계시는 하나님을 의식하고 주님께 하듯 마음을 다해 일해야 한다.

미켈란젤로가 4년 만에 완성했다는 시스티나 성당의 천장화 〈천지창조〉는 굉장히 웅장하면서도 작은 부분까지 놓치지 않고 세밀하게 표현된 것으로 유명하다. 어느 날 미켈란젤로의 작업을 지켜보던 친구가 그 높은 데를 누가 본다고 그렇게 세심하게 그리느냐고 물었다. 그는 하늘에서 그분이 보고 계시지 않느냐고 대답했다.

그렇다. 사람들은 놓칠 수 있을지 몰라도 하나님은 우리의 일거수일투족을 지켜보고 계신다. 때때로 우리도 미켈란젤로처럼 비슷한 질문을 받는다.

"그렇게까지 열심히 일하면 누가 알아주기나 합니까?"

그때 이렇게 대답할 수 있다.

"네. 알아주는 분이 계십니다. 바로 하나님이십니다."

사람들은 몰라 줘도 하나님은 알아주신다.

종들아 모든 일에 육신의 상전들에게 순종하되 사람을 기쁘게 하는 자와 같이 눈가림만 하지 말고 오직 주를 두려워하여 성실한 마음으로 하라(골 3:22).

눈가림을 영어 성경 KJV는 'eyeservice'로 번역했다. '사람들 눈에 보이는 데서만, 사람들이 있을 때만 하는 것'을 말한다. 그런 식으로 일하는 사람은 사람을 기쁘게 하는 자다. 우리는 하나님을 기쁘시게 하는 자들로 주를 두려워하여 성실한 마음으로 최선을 다해 주께 하듯 일해야 한다.

예전에 사역하던 교회에서 이런 이메일을 받은 적이 있다. 발신자는 교회 성도가 다니는 직장 상사였다.

"목사님, 안녕하세요?

요즘 목사님 교회에서 특별새벽기도회를 하고 있는 것을 알고 있습니다. 그 교회에 나가고 있는 ○○○가 저희 회사 직원입니다. 그가 매일 새벽기도회에 나가서 은혜를 많이 받는 것도 알고 있습니다. 그런데 회사에 와서는 계속 졸고만 있습니다…"

이메일을 읽으면서 여러 가지 생각이 들었다. 그리스도인이 주변에 자신의 정체성을 밝히고 열심히 신앙생활하는 것은 좋다. 단, 자신이 맡은 업무도 확실하게 처리했을 때의 얘기다. 그런데 이 이야기의 주인공처럼 자신의 업무는 소홀히 한 채 기도하고 전도한다면 주변 사람들에게 되레 안 좋은 영향을 끼치게 된다. 그 직원은 그리스도인이라더니 오히려 일을 더 안 한다거나, 반대로 그 사장은 그리스도인이라고 하던데 직원들을 제대로 대우해 주지 않는다는 얘기를 듣는다면 부끄러운 일이다. 고용주든 직원이든 주께 하듯 하라는 주님의 말씀을 가슴에 새겨야 할 것이다.

> 네가 자기의 일에 능숙한 사람을 보았느냐 이러한 사람은 왕 앞에 설 것이요 천한 자 앞에 서지 아니하리라(잠 22:29).

내 일을 능숙하게 잘하는 것도 주께 하는 것이다.

하나님의 사람답게 일하라

아담의 범죄 이후 일은 고통이 되어 버렸다. 인간은 생존을 위해서 고통을 감수해야만 했다. 그런데 그런 우리를 위해 예수 그리스도가 이 땅에 오셔서 구원을 완성시키셨다. 그 은혜로 말미암아 우리는 치유되고 회복되었다. 그리고 새로운 시각으로 우리에게 주어진 일을 바라볼 수 있게 되었다.

일은 더 이상 고통이 아니며, 하나님의 소명이 된다. 소명이기에 주께 하듯 일하게 되고, 거기서 기쁨과 즐거움을 얻는다. 우리에게 일의 즐거움을 회복시켜 주신 하나님은 우리가 소명을 따라 사는 것보다 더 나은 것은 없다고 말씀하신다.

> 그러므로 나는 사람이 자기 일에 즐거워하는 것보다 더 나
> 은 것이 없음을 보았나니 이는 그것이 그의 몫이기 때문이
> 라 아, 그의 뒤에 일어날 일이 무엇인지를 보게 하려고 그를
> 도로 데리고 올 자가 누구이랴(전 3:22).

우리는 지금까지 많은 크리스천 기업들이 무너지는 것을 보아 왔다. 선교와 구제를 열심히 한다면서 정작 자기 직원들은 제대로 대우하지 않았다. 말씀을 열심히 보고 기도도 많이 한다면서 일하는 것을 보면 불법적이고 비윤리적 방법을 동원했다. 신우회 모임은 열심히 하면서도 정작 중요한 업무에는 최선을 다하지 않았다. 뭔가 잘못되었다.

하나님의 사람답게 일을 제대로 감당해야 한다. 세상에서 빛과 소금으로 선한 영향을 끼쳐야 한다. 그러기 위해서 그리스도인은 너그러워야 한다. 긍휼을 베풀 수 있어야 한다. 인정사정없이 매몰차게 구는 것이 아니라 열정을 가지되 너그러운 모습을 보여 주어야 한다. 믿지 않는 사람이나 다른 종교를 가진 사람을 존중하면서도 내가 믿는 예수 그리스도를 담대하게 전할 수 있어야 한다.

하나님의 일은 하나님의 방법대로, 하나님의 가치대로 해야

한다. 왜냐하면 우리는 세상 사람들이 모르는 목적을 가지고 있기 때문이다. 우리에게는 세상이 모르는 상이 기다리고 있다. 그러므로 하나님의 사람으로서 우리가 하는 일을 통해 하나님의 가치가 드러나도록 해야 한다.

사회생활을 하다 보면 피치 못할 자리가 있다. 술자리 회식이나 죄를 짓게 하는 자리에 어쩔 수 없이 참석해야 하는 경우다. 그때 누군가는 이렇게 말할지 모른다.

"교회 다니는 사람도 다 하던데, 너만 왜 그러냐?"

우리는 그것에 굴복해 무늬만 신자가 될 것인지 아니면 끝까지 믿음을 지킬 것인지 선택해야 한다. 진정 하나님의 사람이라면 도전 앞에 강하고 담대하게 맞설 필요가 있다. 다 그런다 할지라도 진짜 신자는 그렇지 않음을 보여 줄 수 있어야 한다. 성경적 가치관이 당신의 삶에 나타날 때, 사람들은 비로소 당신을 존중하고 존경하게 된다. 당신이 어떤 태도와 모습으로 일하는지, 당신과 함께 일하는 사람들은 당신을 어떻게 바라보고 있는지 점검해 볼 필요가 있다.

〈불의 전차〉(Chariots of Fire)라는 유명한 영화가 있다. 1924년 하계 올림픽 육상경기에서 금메달을 획득한 에릭 리델(Eric Liddell)과 해럴드 에이브러햄스(Harold Abrahams)의 실화를 바탕으로 제작된 작품이다. 스코틀랜드에서 가장 빠른 사람으로 불리던 에릭 리델이 영국 국가대표로 올림픽에 출전했다. 금메달이

유력했지만 100m 경기 시간이 주일로 정해지자 그는 주일에는 뛸 수 없다며 과감하게 출전을 포기했다. 쏟아지는 비난에도 그의 마음은 변하지 않는다. 그가 출전을 포기한 종목에서 해럴드 에이브러햄스가 금메달을 목에 걸었다. 우여곡절 끝에 에릭은 주 종목이 아닌 400m 경기에 출전하게 되었는데 거기서 금메달을 거머쥐었다.

그가 자기 누이에게 했던 말이 매우 인상적이다. 마지막 장면에서 그가 뛰는 모습과 함께 반복되어 등장하는 대사다.

"하나님이 나를 빨리 뛰게 만드셨다. 나는 뛸 때 하나님의 기쁨을 느낀다."

(I believe God made me for a purpose, but he also made me fast. And when I run I feel His pleasure.)

나중에 그는 중국 선교사가 되어 헌신하다가 하나님께 돌아갔다.

하나님이 우리에게 주신 일을 최선을 다해서 감당할 때 주님이 우리에게 기쁨을 주신다. 창조주 하나님과 함께하는 일의 즐거움을 만끽하게 하시는 것이다.

:

예수 그리스도가 이 땅에 오셔서

구원을 완성시키셨다.

그 은혜로 말미암아

우리는 치유되고 회복되었다.

그리고 우리에게 주어진 일을

새로운 시각으로

바라볼 수 있게 되었다.

:

chapter 14

봉사

: 봉사에 무관심한 사람들에게

우리는 섬기기 위해 구원받았다

운동경기를 관람하던 어떤 사람이 이렇게 말하는 것을 들은 적이 있다.

"정말로 운동이 필요해 보이는 사람들은 관중석에 앉아 있고, 정작 쉬어야 할 사람들이 운동장에서 열심히 뛰어다니고 있군요."

어쩌면 이것이 오늘날 교회의 모습이 아닌가 싶다. 어찌된 일인지 교회 안에 봉사자가 늘 부족하다고 한다. 대형 교회라고 해서 예외는 아니다. 언제나 일하는 사람이 일한다. 한 사람이 이 사역, 저 사역 여러 가지를 맡기도 하는데 이런 일은 다반사다.

봉사의 영성은 앞서 다룬 겸손의 영성, 긍휼의 영성과 연결된다. 겸손과 긍휼의 영성이 봉사의 영성으로 모아진다고 보면 된다. 말씀을 통해 봉사의 의미를 짚어 보고, 우리를 향한 하나님의 계획과 목적이 무엇이며 하나님의 뜻이 어디에 있는지 알아보자.

봉사의 성경적 의미

봉사에 대해 이야기할 때면 흔히 은사라는 단어를 떠올린다. 제대로 봉사하기 위해서는 자기의 은사를 알아야 한다고 말한다. 은사를 알아야 은사대로 봉사할 수 있고, 그것이 효율적이며 중요하다는 얘기다. 그런데 성경은 이렇게 말한다.

> 각각 은사를 받은 대로 하나님의 여러 가지 은혜를 맡은 선한 청지기 같이 서로 봉사하라(벧전 4:10).

봉사를 하되 여러 가지 '은혜'를 맡은 선한 청지기 같이 하라고 했다. '은사'를 맡은 선한 청지기가 아니라는 것에 주목하자. 은사를 뜻하는 카리스마(charisma)는 '은혜, 은총, 호의'라는 뜻의 헬라어 카리스(charis)에 해당한다. 따라서 은사는 은혜에서 나오는 선물이라고 할 수 있다. 은사를 맡은 청지기가 아니라 은혜를 맡은 청지기로 봉사하라는 말씀도 이와 같은 맥락에서 이해하면 된다. 우리는 봉사를 말할 때 은사를 중시하지만, 성경은 은사보다 하나님의 은혜를 우선시한다는 점을 명심할 필요가 있다. 봉사는 하나님의 은혜에 대한 인간의 구체적인 표현이다.

성도들에게 봉사를 권유하면 흔히 이런 대답이 돌아온다.

"내가 은사가 없어서…."

"이건 내 은사가 아니어서⋯."

하지만 그렇게 말해서는 안 된다. 봉사는 은사를 받은 특별한 사람들에게 주어진 것이 아니라 하나님의 은혜를 입은 모든 자들에게 명령하신 것이기 때문이다. 하나님의 은혜를 받은 자는 받은 은혜에 대해 마땅히 구체적으로 표현할 의무가 있다.

'하나님의 여러 가지 은혜'를 영어 성경 NIV는 "God's grace in its various forms", 즉 "여러 가지 모양으로 나타난 하나님의 은혜"라고 표현했다. 이는 곧 은사를 가리키고, 은사를 사용하는 것이 봉사라는 말이다. 다시 말해 봉사는 하나님 은혜에 대한 구체적인 결과라는 것이다. 그래서 사도 바울은 은사는 여러 가지나 성령은 같고, 직분은 여러 가지나 주는 같으며 또 사역은 여러 가지나 모든 것을 모든 사람 가운데서 이루시는 하나님은 같다(고전 12:4-6)고 말했다. 은사는 다를 수 있지만 모든 은사는 한 은혜에서부터 시작된다. 즉 하나님의 은혜, 성령의 은혜, 예수 그리스도의 은혜다.

우리는 지금까지 은사나 봉사를 교회 사역에 국한시키는, 또는 그것을 지나치게 강조하는 우를 범해 왔는지도 모르겠다. 성경적인 봉사는 그게 아니다. 봉사는 특별한 은사를 받은 사람들의 전유물이 아니라 하나님의 은혜를 받은 모든 사람이 해야 하는 것이다. 그래서 사도 바울은 "그러므로 우리는 기회

있는 대로 모든 이에게 착한 일을 하되 더욱 믿음의 가정들에게 할지니라"(갈 6:10)라고 말했다. 교회를 섬기고 믿음의 가정들을 위해 봉사하는 것도 중요하지만, 그것으로 그칠 게 아니라 '모든 이'에게 착한 일을 해야 한다. 하나님의 은혜를 받은 자는 자신의 삶 가운데 여러 모양의 은혜가 나타나도록 해야 한다는 얘기다. 이것이 봉사의 성경적 의미다.

베드로가 봉사에 대해 이렇게 말했다.

> 너희가 이방인 중에서 행실을 선하게 가져 너희를 악행한다고 비방하는 자들로 하여금 너희 선한 일을 보고 오시는 날에 하나님께 영광을 돌리게 하려 함이라(벧전 2:12).

서로 돕고 섬기되 이방인까지도 섬겨야 한다. 예수님도 "너희 빛이 사람 앞에 비치게 하여 그들로 너희 착한 행실을 보고 하늘에 계신 너희 아버지께 영광을 돌리게 하라"(마 5:16)고 말씀하셨다. 우리의 봉사가 교회 안에만 머물면 안 된다고 말씀하신 것이다.

그리스도인이 가장 많이 사용하는 말 중 하나가 "은혜받았다"는 말이다. 설교를 듣고 나서, 예배를 마치고서 감동을 받았다는 표현을 은혜받았다고 말한다. 하지만 이제는 이 단계를 넘어서야 한다. 지금까지 은혜를 받기만 했다면 이제는 받은 은혜가 다른 곳으로 흘러가게 해야 한다. 봉사는 어려운 게 아니다. 자신이 받은 은혜를 삶 속에 드러내면 된다. 맡은 은혜를 여러 모양으로 나타내는 청지기가 되어야 한다. 청지기가 곧 봉사자다.

우리는 봉사하기 위해 구원받았다

하나님이 우리에게 은혜를 주시고, 은혜의 선물인 은사를 주시는 이유는 무엇인가? 우리로 하여금 섬기게 하기 위함이다. 사도 바울은 "각각 은사를 받은 대로 하나님의 여러 가지 은혜를 맡은 선한 청지기 같이 서로 봉사하라"(벧전 4:10)고 말했다. 영어 성경을 보면 뜻이 더 명확해진다. 'to serve others', 즉 "다른 사람들을 섬기게 하기 위해서" 하나님이 은사를 주셨다는 것이다.

봉사는 시간과 돈이 남는 특별한 사람들이 하는 것이 아니다. 믿음 좋은 사람들이나 하는 시간 외 노동도 아니다. 왠지 모르게 안 하면 안 될 것 같은 부담감에 봉사자 명단에 이름을 올려놓고 적당히 때우는 죄책감 무마용도 아니다. 하나님이 우리에게 은혜를 주신 이유, 우리가 이 땅에 사는 이유는 섬기기 위함이다. 좀 더 괜찮아 보이고자 삶의 한 부분을 섬김으로 채우는 것이 아니다. 섬김이 곧 우리 인생을 향한 하나님의 목적이요 부르심이라는 얘기다.

누군가 이렇게 반문할지도 모르겠다.

"그건 너무 과한 해석이 아닙니까? 어떻게 그렇게 살 수 있단 말입니까?"

봉사라고 하면, 대개 공짜라고 생각하는데 이것이야말로 과한 해석이다. 봉사는 섬기는 것이지 단순히 공짜가 아니다. 그렇게 생각한다면 오해다. 베드로는 봉사에 대해 다음과 같이 말했다.

> 그러므로 하나님의 선물을 가볍게 여기지 말고, 착한 종처럼 남을 돕는 일에 사용하십시오(벧전 4:10, 쉬운성경).

주님은 "인자가 온 것은 섬김을 받으려 함이 아니라 도리어 섬기려 하고 자기 목숨을 많은 사람의 대속물로 주려 함"(막 10:45)이라고 말씀하셨다. 이 말씀을 곱씹어 보라. 예수님이 이 땅에 오신 목적을 "섬기러 왔다"고 한마디로 정리하셨다. 그리고 그 섬김의 결과는 십자가의 죽음으로 나타났다. 많은 사람에게 자신의 생명을 대속물로 내어 주는 게 주님의 사명이었고, 주님은 그걸 위해 이 땅에 오셨다.

예수님이 제자들의 발을 손수 씻기시면서 말씀하셨다.

내가 주와 또는 선생이 되어 너희 발을 씻었으니 너희도 서로 발을 씻어 주는 것이 옳으니라 내가 너희에게 행한 것 같이 너희도 행하게 하려 하여 본을 보였노라(요 13:14-15).

주님이 이 땅에 섬기러 오신 것처럼 우리 삶의 목적도 섬김이 되어야 한다. "나는 섬기는 자로 너희 중에 있노라"(눅 22:27)라는 주의 말씀을 마음 깊이 새겨 두자.

주님 말씀처럼 당신은 섬기며 살고 있는가? 혹시 주객이 전도되어 섬김을 받기 위해 살고 있지는 않은가? 목적이 뒤바뀐 채로 더 대우받고 더 대접받기 위해 밤낮 수고하고 애쓰며 살고 있지는 않은가? 그렇다면 당신은 인생의 가장 중요한 목적을 망각하고 엉뚱한 방향으로 내달리고 있는 셈이다.

한번 생각해 보자. 주님이 그러하셨던 것처럼 우리 인생의 목적을 섬김으로 삼는다면 지금 내가 하는 일이, 만나는 사람들과의 관계를 포함한 삶의 모든 것들이 달라질 것이다. 세상에서는 섬김을 받는 자가 크고 으뜸이라고 생각해 서로 큰 자가 되고 으뜸이 되고자 한다. 더 많이 가질수록 더 대접받는다. 그것이 행복이고, 인생을 풍요롭게 한다고 생각한다. 하지만 성경은 크고자 하는 자는 섬기는 자가 되고, 으뜸이 되고자 하는 자는 종이 되어야 한다고 말한다(마 20:26-27, 23:11). 섬기고 봉사하는 것, 다시 말해 하나님의 목적에 대한 구체적인 부

르심에 순종하는 것이 진정한 행복이다. 봉사는 삶의 이유이
자 우리를 향한 하나님의 목적이요 부르심이다.

어렸을 때 뜻도 잘 모른 채 〈국민교육헌장〉을 암송하곤 했
다. 그땐 누구나 그랬다. "우리는 민족중흥의 역사적 사명을
띠고 이 땅에 태어났다"고 쓰인 첫 문장을 나는 이렇게 바꿔
보고 싶다.

"나는 섬기기 위해 이 땅에 태어났다."

"하나님 나라를 위해, 이웃을 섬기러 이 땅에 태어났다."

태어나서 내내 섬김만 받다가 조금 봉사한 것을 가지고 생
색내는 게 아니라, 다른 많은 일을 하다가 봉사를 부록처럼 끼
워 넣는 게 아니라 섬김 자체가 이 땅을 살아가는 목적이 되게
하고 싶다. 이것만큼 아름다운 인생이 또 있을까?

인생의 목적이 섬김이 되면 우리는 더 이상 분노하거나 억
울해 하며 상처에 사로잡히지 않을 것이다.

> 무엇보다도 뜨겁게 서로 사랑할지니 사랑은 허다한 죄를
> 덮느니라(벧전 4:8).

예수님도 제자들의 발을 씻기신 후 이렇게 말씀하셨다.

> 새 계명을 너희에게 주노니 서로 사랑하라 내가 너희를 사

랑한 것 같이 너희도 서로 사랑하라 너희가 서로 사랑하면 이로써 모든 사람이 너희가 내 제자인 줄 알리라(요 13:34-35).

사랑 위에 세워진 섬김은 강하다. 스코틀랜드의 어느 가정에는 이런 문구가 붙어 있다고 한다. "Save to serve." 그렇다. 우리는 봉사하기 위해 구원받은 사람들이다.

봉사는 어떻게 해야 하나

그렇다면 섬김과 봉사는 어떻게 해야 할까? 성경은 말하는 것과 행동하는 것, 두 가지를 말한다.

> 만일 누가 말하려면 하나님의 말씀을 하는 것 같이 하고 누가 봉사하려면 하나님이 공급하시는 힘으로 하는 것 같이 하라 이는 범사에 예수 그리스도로 말미암아 하나님이 영광을 받으시게 하려 함이니 그에게 영광과 권능이 세세에 무궁하도록 있느니라 아멘(벧전 4:11).

첫째, 말할 때 하나님의 말씀을 하는 것 같이 하라. 둘째, 봉사할 때 하나님이 주시는 힘으로 하는 것처럼 하라. 이것이 무슨 뜻인가? 말을 해도 내 생각, 내 말을 하지 말라는 것이다. 행동을 해도 내 힘과 내 능력으로 하지 말라는 것이다. 한마디로 '나'라는 것이 없어야 한다. 오직 하나님의 말씀, 하나님의 능력으로 하기 위해서 말이다.

그런데 오늘날 우리 봉사와 섬김 가운데 얼마나 많은 '나'가 들어가 있는지 모른다. 섬긴다고, 봉사를 열심히 한다고 하는데 그 속에는 내 생각, 내 판단, 내 결정, 내 자랑, 내 인정욕구가 그대로 존재한다. 내가 가득 차 있는 것이다. 그래서 봉사하다 보면 하나님이 드러나기보다 내가 나타날 때가 얼마나 많은지 문득 깨닫게 된다. 내가 아니라 하나님이 영광 받으시는 진정한 봉사를 하길 바란다.

시인과촌장이 부른 〈가시나무새〉라는 노래가 있다. 훗날 조성모 씨를 통해서 더 많이 알려진 노래다. 이 곡은 하덕규 씨가 방황 끝에 하나님을 만나고 나서 만들었다고 해서 더 유명해졌다. 그래서인지 가사가 지극히 성경적이다.

　　　　내 속엔 내가 너무도 많아 당신의 쉴 곳 없네
　　　　내 속에 헛된 바램들로 당신의 편할 곳 없네
　　　　내 속엔 내가 어쩔 수 없는 어둠 당신의 쉴 자리를 뺏고
　　　　내 속엔 내가 이길 수 없는 슬픔 무성한 가시나무 숲 같네
　　　　바람만 불면 그 메마른 가지 서로 부대끼며 울어 대고

쉴 곳을 찾아 지쳐 날아온 어린 새들도 가시에 찔려 날아가고
바람만 불면 외롭고 또 괴로워
슬픈 노래를 부르던 날이 많았는데
내 속엔 내가 너무도 많아 당신의 쉴 곳 없네

가사를 하나하나 음미하다 보니 교회에서 벌어지는 상황들이 오버랩 된다. 봉사라는 이름으로 하나님의 일을 한다고 하면서 서로에게 아픔과 상처를 주는 일이 얼마나 많은가. 좋은 마음으로 봉사하러 왔다가 더 큰 상처를 받기도 하고, 하나님의 일을 한다면서 정작 하나님이 일하시는 것을 방해하는 일들이 또 얼마나 많은가? 아직도 내 속에 내가 너무 많기 때문에 그렇다. 그러니 바람만 불면 가시 돋은 나뭇가지들이 서로 부대끼며 울어 대지 않는가. 쉬려고 찾아든 작은 새들이 가시에 찔려 아프다고 날아가 버린다. 안타깝지만 이것이 바로 우리들의 모습이다.

이를 벗어날 수 있는 방법은 하나님의 말씀으로, 하나님의 능력으로, 오로지 하나님만 드러나도록 봉사하는 것이다. 잘 아는 찬양처럼 우리는 "이름 없이 빛도 없이" 그저 청지기로서 충성하면 된다. 내 이름이 아니라 하나님의 이름이 높아지고, 내 빛이 아니라 하나님의 빛이 비추도록, 모든 것을 통해 하나님이 영광을 받으시도록 말이다.

그래서 베드로는 "서로 대접하기를 원망 없이"(벧전 4:9) 하라고 말했다. 영어 성경 NIV는 원망을 'grumbling'으로 번역했다. '툴툴거리다, 구시렁대다, 생색내다'라는 뜻이다. 말로는 하나님의 이름으로 한다고 하면서 자기 받을 것은 다 챙기는 사람이 있다. 봉사하는 사람이 없다고 하면서 은근히 자기를 드러내기도 한다. 하나님의 영광보다 자기의 영광을 구하는 것이다. 그래서 메시지성경은 이 말씀을 "하나님께서 모든 크레딧(credit)을 다 받으시도록 하라"라고 번역해 놓았다.

우리가 잘 알고 있는 마틴 루터 킹 주니어의 이야기로 이 글을 마무리하려고 한다. 목사이자 인권운동가였던 그는 암살당하기 몇 달 전에 이런 설교를 했다. 훗날 그의 장례식에서 그의 아내가 요청하여 사람들에게 소개된 내용이다.

"저는 가끔 저의 죽음에 대해서 생각합니다. 그리고 저의 장례식을 그려 봅니다. 만약 여러분 중에 혹시 누가 제 장례식에 계시다면 부디 길게 하지 말아 주십시오. 조사도 짧게 해 달라고 말씀해 주십시오. 조사하는 사람에게 제가 노벨 평화상을 탄 사람이란 것을 말하지 말라고 부탁해 주십시오. 그 밖에 300여 개의 표창과 상을 받았다는 것도 말하지 않게 해 주십시오. 그것은 중요한 게 아니기 때문입니다.

다만, 다른 사람들을 섬기는 일에 삶을 바치려 노력했노라고 말해 준다면 감사하겠습니다. 사람들을 사랑하려고 노력했고, 굶주린 사람을 먹이려 했고, 헐벗은 사람에게 옷을 입혀 주려 했고, 감옥에 있는 사람들을 방문하려 노력했고, 인류를 사랑하고 봉사하려고 힘썼던 사람이라고 말해 준다면 그것으로 충분합니다."

그리고 이렇게 끝을 맺는다.

"저는 남기고 갈 재물도 없습니다. 인생에서 화려하고 사치스러운 것들을 남기고 갈 것도 없습니다. 다만 헌신된 생애가 남기를 원합니다."

chapter 15

증인

: 증인으로 살고 싶은 사람들에게

성령의 윤활유가
흘러나오게 하라

우리가 그리스도인으로서 살아가는 데는 누군가의 헌신이 있었다. 우리에게 먼저 다가와 예수 그리스도가 길이요 진리요 생명이심을 알려 주었을 뿐만 아니라, 자신의 삶을 통해서 하나님의 사랑을 보여 준 사람이 있었던 것이다. 예수 그리스도의 제자로서 증인된 삶을 살아 낸 사람들이 있었다.

사도행전 16장에 두 명의 증인이 등장한다. 바로 바울과 실라다. 그들은 복음을 전하다가 감옥에 갇히게 되었지만, 그러한 상황 속에서도 하나님께 기도하며 찬송했다. 그리고 마침내 간수와 그 집에 있는 모든 사람에게 복음을 전하고 침례를 주기에 이르렀다.

이제 말씀 속으로 더 들어가 예수 그리스도의 증인은 어떤 모습인지 살펴보자.

찌그러진 물통이라도 생명을 구할 수 있다

증인의 삶에서 가장 먼저 눈에 띄는 것은 구령의 열정이 있다는 것이다.

　사도행전 16장 9-10절을 보면, 바울의 환상 가운데 마게도냐 사람이 나타나 그에게 마게도냐로 건너와서 자기들을 도와 달라고 했다. 그는 환상을 본 즉시 곧바로 마게도냐로 떠나기를 힘썼다고 말한다. 하나님이 그들에게 복음을 전하라고 부르신 것으로 인정했기 때문이다. 다시 말해 마게도냐 사람이 환상 중에 나타나 도와 달라고 말하는 순간, 바울은 "아, 하나님이 저들에게 복음을 전하기를 원하시는구나" 하고 확신했다는 것이다. 그리고 하나님의 부르심에 순종해 곧 마게도냐로 향했다. 마게도냐 영혼들을 향한 하나님의 열정이 그의 마음 가운데 구령의 열정으로 타올랐던 것이다.

　바울의 일행이 제일 먼저 도착한 곳은 마게도냐 지방의 첫 번째 성읍인 빌립보였다. 모인 여자들에게 말씀을 전하다가 자색 옷감 장사 루디아에게 복음을 전했고, 그곳에서 빌립보 교회가 시작되었다. 루디아의 집에서 머무는 동안 그들은 기도하는 곳에 가다가 점치는 귀신 들린 여종을 만나게 됐고, 바울이 그녀에게서 귀신을 내쫓았다. 여종이 신통함을 잃고 더 이상 점을 칠 수 없게 되자, 그녀를 이용해 돈을 벌었던 주인들이 대노하여 바울과 실라를 붙잡아 고소하기에 이르렀다. 상관들이 두 사람의 옷을 찢어 벗기고 매를 많이 때린 후에 깊은 옥에 가두고 발에 차꼬를 든든히 채웠다.

복음을 증거하다가 태형을 당하고, 고통 중에 수감된 바울과 실라의 모습을 상상해 보라.

> 한밤중에 바울과 실라가 기도하고 하나님을 찬송하매 죄수들이 듣더라(행 16:25).

어떤가? 당신이 상상한 모습과 성경의 기록이 어느 정도 일치하는가? 아니면 전혀 상상할 수 없던 모습인가? 보통 고통이 아니다. 생명이 위협받는 가운데 내일을 보장할 수도 없는 상황이었다. 그런데 한밤중에 찬송이 흘러나오고 기도 소리가 울렸던 것이다. 함께 수감된 죄수들이 그것을 들었다. 영어 성경은 "죄수들이 듣더라"의 '듣더라'를 "listen to"로 번역했다. 소리가 들려서 듣는(hearing) 것이 아니라 관심을 가지고 열심히 듣는(listening) 모습임을 알 수 있다.

이 장면을 보면서 문득 이런 생각이 들었다.

'바울과 실라는 어떤 찬양을 불렀을까? 만약 그 당시에 새찬송가가 있었다면 그들은 과연 몇 장을 불렀을까?'

당신도 한번 생각해 보라. '이제 마지막이구나. 내일을 기약할 수 없는 상황이니 요단강이나 바라보고 며칠 후 다시 만날 생각을 해야겠다'는 심정으로 "며칠 후 며칠 후 요단강 건너가 만나리" 하며 새찬송가 606장을 불렀을까? 아니면 "십자가 군

병들아 주 위해 일어나"(352장)나 "부름 받아 나선 이 몸 어디 든지 가오리다"(323장)를 불렀을까? 기도는 어땠을까? 생명의 위협을 느낀 나머지 "하나님, 우리를 여기서 구해 주십시오" 하고 기도했을까?

만약 자신들의 생명을 구하는 기도를 드렸다면, 요단강 건너가 만나겠다는 찬송을 불렀다면, 옥문이 열렸을 때 바울과 실라가 제일 먼저 기뻐하며 뛰어나갔을 것이다. 그러나 성경은 옥문이 열렸음에도 그들이 나가지 않았다고 기록하고 있다. 그들이 여전히 옥 안에 머물러 있었다는 것은 그들의 기도가 자기들의 생명을 위한 것이 아닌 구령을 위한 기도였으며 복음을 위해 쓰임 받고자 목숨도 아끼지 않겠다는 찬양을 드린 방증이라고 할 수 있다. 즉 바울과 실라는 구령의 열정을 가지고 "하나님, 이곳을 통해서 이 지역에 복음의 문이 열리게 해 주십시오"라고 기도했음에 틀림없다.

당신에게는 이 같은 구령의 열정이 있는가? 영혼들을 향한 하나님의 마음을 가지고 있는가? 증인의 삶이 중요한 것은 알지만, 막상 그렇게 살라고 하면 힘들어할 성도들이 있을 것이다. 증인의 삶이 곧 전도의 삶이기 때문이다. 자신과는 거리가 먼 얘기 같아서 왠지 모르게 주춤하게 되고 꺼려지기도 할 수 있다. 어떤 이들은 신학적으로 접근하기도 한다. "나는 왜 전도해야 되는지 모르겠어요. 하나님의 절대적인 주권 아래, 구원할 사람을 하나님이 알아서 구원하실 텐데 왜 우리가 전도해야 하죠?" 하고 물을 수 있다. 하지만 성경은 하나님이 은혜를 주시지만, 전도의 미련한 것을 통해 영혼을 구원하시는 것이 하나님의 방법이라고 말한다.

혹자는 "아직도 내 생활 가운데 고쳐야 할 것이 많은데, 이런 상태에서 전도하면 위선자가 될 것 같아!"라고 말할지 모른다. 그렇다면 먼저 생활을 고쳐 보라. 그러고 나서 하나님의 복음을 증거하라. 또 어떤 사람은 "나도 하나님을 잘 알지 못하는데, 내가 어떻게 하나님을 전할 수 있나"라고 할 것이다. 만약 그렇다면 하나님을 알아 가면 된다. 하나님의 복음을 받아들이라.

그런가 하면 어떤 사람은 "열심히 전도했는데 그 사람이 내 말을 안 믿거나 나를 거부하면 얼마나 창피하고 무안할까" 하고 지레 변명거리를 찾을지 모른다. 하지만 한 번의 창피로 말미암아 누군가의 영원을 좌우하게 된다면 충분히 가치 있는 일이 아닌가? "내 일도 다 못할 정도로 바빠 죽겠는데, 다른 사람의 영혼 따위를 신경 쓸 틈이 어디 있어?"라는 생각 때문에 누군가가 지옥에 간다면 어떻겠는가? 괜히 전도했다가 그 사람의 자유를 침범하거나 마음에 부담을 주고 싶지는 않다고 생각하는가? 그 사람이 그리스도를 알지 못한 채 영원한 지옥 불 가운데로 떨어진다면 그때 가서 느낄 마음의 부담은 어찌하겠는가? 그 사람에게 예수 그리스도가 정말 필요한지 알수 없다고 생각하는가? 답은 분명하다. 그 사람은 정말로 예수 그리스도를 필요로 한다. "내가 전도한다고 하면, 사람들이 나를 어떻게 생각할까? 예수에 미쳐서 광신자가 되었다고 생각할지도 몰라" 하고 변명하는 사람이 있는가? 구령의 열정을 갖고 영혼을 구하는 일에 미칠 수만 있다면, 그들에게 영원한 생명을 줄 수만 있다면 그렇게 하라고 하라. "내가 대답하지 못할 질문을 하면 어떡하지? 무슨 말을 해야 할지 모르겠는데…" 하는 두려움이 있다면, 전도폭발 같은 훈련을 받으면 된다. 성경 공부도 있다. 영혼 구원에 대한 마음과 열정이 있다면 못할 게 없다.

우리 지구촌교회는 2015년 여름 〈블레싱 뱁티스트〉(Blessing Baptist)라는 국내 단기 선교 프로그램을 진행했다. 지역 교회와 협력하여 전도하고 섬기는 국내 전도 사역을 '블레싱'이란 이름으로 해마다 진행해 왔지만, 2015년에는 특별히 침례교단에 속한 미자립교회들을 축복하기 위해 교인 3,500여 명이 40여 개 팀으로 나뉘어 각 지방으로 파송되었다.

우리나라에서 침례교회를 제일 먼저 시작한 사람은, 1889년 한국에 온 캐나다 선교사 말콤 펜윅(Malcom C. Fenwick)이었다. 그는 원래 신학을 공부하지 않은 농부였다. 그런데 그에게 하나님이 복음 전파에 대한 부담감을 주셨다. 펜윅 선교사는 계속해서 거부했다.

"하나님, 나는 신학교도 가지 않았습니다. 내가 무슨 자격으로 선교사가 될 수 있겠습니까?"

그런 그에게 하나님이 다른 사람을 통해 특별한 말씀을 주셨다.

"비록 녹슬고 찌그러진 통이라도 생명을 구하는 물을 나를 수 있단다."

말씀을 받고 펜윅 선교사의 마음이 변화되었고, 기꺼이 한국에 올 수 있었다.

지구촌교회는 바로 이러한 복음의 열정을 가지고, 블레싱 뱁티스트라는 이름으로 나아갔다. 하나님이 우리를 사용하셔서 가는 곳곳마다 구원받는 자의 수를 더하게 하셨고, 많은 영혼들이 하나님을 만나는 놀라운 역사가 일어났다.

하나님의 기적은 멀리 있지 않다

증인의 삶에서 둘째로 발견하는 것은 하나님의 기적이다.

> 간수가 자다가 깨어 옥문들이 열린 것을 보고 죄수들이 도
> 망한 줄 생각하고 칼을 빼어 자결하려 하거늘(행 16:27).

잠에서 깬 뒤 옥문이 열린 것을 본 간수는 죄수들이 다 도망갔을 거라고 생각하고 자살하려고 했다. 그 순간 바울이 큰 소리로 "당신 몸을 상하지 마시오. 우리가 다 여기 있소" 하고 소리쳤다. 그러자 간수가 바울과 실라를 데리고 나가 "선생들이여, 내가 어떻게 하여야 구원을 받겠습니까?" 하고 물었다.

아마도 그는 사도 바울이 어쩌다가 옥에 갇히게 됐는지 알고 있었을 것이다. 하나님의 사람들이 수감된 고통스러운 상태에서도 찬양하고 감사하며 기도하는 모습을 직접 듣고 보았을 것이다. 절체절명 위기의 순간에 하나님 앞에 나올 수 있었다. 간수는 죽으려던 바로 그 자리에서 하나님을 만난 것이다!

하나님이 옥문을 여셨지만 아무도 나가지 않았다. 대신 간수의 마음의 문이 열렸고 의심과 두려움이 나갔다. 그리고 간수의 열린 마음 문은 가족의 마음 문까지 열었다. 이로써 마게도냐 빌립보의 복음의 문이 열리는 놀라운 기적이 일어났던 것이다.

예수 그리스도의 증인들은 복음의 최전선에서 하나님의 기적을 경험한다. 누가 당신에게 이렇게 질문한 적이 있는가?

"내가 어떻게 하면 하나님을 알 수 있겠습니까?"

"내가 어떻게 하면 구원을 받을 수 있겠습니까?"

"내가 어떻게 하면 하나님의 자녀가 될 수 있겠습니까?"

하나님의 기적이 내게 이루어지지 않는다면, 내가 복음에 얼마나 가까이 있는지 자문해 보길 바란다. 증인의 삶에는 하나님의 기적이 분명히 존재한다. 왜냐하면 복음에는, 영혼을 변화시키고 새 생명을 주시는 하나님의 임재와 사랑을 베푸시는 하나님의 능력이 분명히 역사하기 때문이다. "어떻게 해야 구원을 받을 수 있는가"라는 질문은 비단 간수만의 것이 아니다. 성경 곳곳에서 이 같은 질문을 발견한다. 우선 마태복음 19장을 보자.

> 어떤 사람이 주께 와서 이르되 선생님이여 내가 무슨 선한 일을 하여야 영생을 얻으리이까(마 19:16).

또 사도행전 2장에는 수많은 사람이 베드로의 설교를 듣고 마음에 찔렸다고 기록하고 있다. 그들은 베드로와 다른 사도들에게 와서 "형제들아 우리가 어찌할꼬"(행 2:37)라고 말했다. 사도 바울도 다메섹에서 주님을 만난 후에 "주님 무엇을 하리이까"(행 22:10) 하고 물었다.

증인의 삶에는 성령의 역사가 존재하며, 복음의 능력이 나타난다. 사도 바울은 "내가 복음을 부끄러워하지 아니하노니 이 복음은 모든 믿는 자에게 구원을 주시는 하나님의 능력이 됨"(롬 1:16)이라고 말했다. 복음 앞에 설 때 하나님의 능력을 경험하게 된다.

어느 선교사가 세상을 떠난 후에 마을 사람들이 그의 무덤에 이런 비석을 세워 주었다고 한다.

"당신이 오기 전에 우리는 어둠 가운데 있었다. 당신이 떠나고 난 지금 우리는 빛 가운데 있다."

당신도 이처럼 복음을 증거하는 삶을 통해 죽었던 영혼, 어둠 가운데 있던 영혼이 빛 되신 그리스도를 발견하고 예수를 구주로 영접하는 모습을 보고 싶지 않은가? 예수 그리스도의 증인으로 산다면 하나님의 기적은 멀리 있지 않다.

구원에 대한 감격과 기쁨으로 사역하라

증인의 삶에서 셋째로 발견하는 것은 복음의 기쁨이다.

> 그들을 데리고 자기 집에 올라가서 음식을 차려 주고 그와 온 집안이 하나님을 믿으므로 크게 기뻐하니라(행 16:34).

복음을 받아들인 간수의 가족들이 크게 기뻐했다. 당신은 무엇 때문에 기뻐하는가? 성공 때문에? 자녀들 때문에? 아니면 텔레비전 프로그램 때문에? 뭐니 뭐니 해도 진정한 기쁨의 극치는, 어둠 가운데 있던 한 영혼이 복음을 듣고 예수 그리스도의 십자가 앞에 엎드려 눈물을 흘리며 주님을 영접할 때다.

그것은 세상의 어떤 기쁨과도 비교할 수 없다. 이 땅의 어떤 것들도 가히 근접할 수 없는 기쁨이다. 만약 이 놀라운 기쁨을 지금까지 한 번도 경험해 보지 못했다면 당신은 기쁨이 무엇인지 아직 모르는 사람이다.

누가복음 15장에는 세 가지 비유가 나온다. 비유에 등장하는 세 사람 모두 무엇인가를 잃은 사람들이다. 양을 잃어버린 목자, 드라크마를 잃어버린 여인, 아들을 잃어버린 아버지. 이들이 잃었던 것을 되찾고 난 후의 반응은 똑같다. 성경은 "죄인 한 사람이 회개하면 하나님의 사자들 앞에 기쁨이 되느니라"(눅 15:10)라고 말하며 잔치를 베풀어 이웃과 함께 즐거워하고 기뻐한다고 했다.

어느 교회 앞에 리어카에서 사과를 파는 노점상이 있었다. 사과를 사러 많은 사람이 오는데 사과에 대해 좋은 얘기를 하는 사람은 거의 없었다고 한다. 사과를 만져 보며 "오늘 사과가 안 좋네", "사과가 왜 이렇게 비싸요?", "이거 달아요?" 하는 식으로 부정적으로 얘기한다는 것이다. 그런데 유독 한 사람만은 "오늘 사과가 참 좋네요", "맛있겠어요!", "색깔이 좋아요"라며 항상 긍정적으로 칭찬했다고 한다. 그런 말을 들으면 자연스레 기분이 좋아졌다. 그러던 어느 날 그 사람이 교회에 다닌다는 얘기를 들었다. 그 말을 듣는 순간 노점상은 '이런 사람이 다니는 교회라면 나도 다니고 싶다'는 마음이 들었다고 한다. 지금 당신 안에 이런 기쁨이 있는가? 당신 안의 기쁨을 다른 사람들에게도 보이고 있는가?

작곡가 겸 프로듀서로 활동하고 있는 이권희 씨는 헤비메탈 록을 했던 사람이다. 그가 속한 밴드는 〈MBC 대한민국음악축제 아마추어 록 콘테스트〉에서 대상을 받았을 정도로 실력이 있었고, 서태지 밴드와 작업할 만큼 꽤 잘나가는 그룹이었다. 그런데 IMF 때 아버지가 하던 사업이 어려움을 겪으면서 그 역시 힘든 시간을 보내게 되었다. 어려움 중에 말씀을 보다가 하나님이 주신 은혜를 새롭게 경험했다고 한다. 그가 이렇게 고백한다.

"어느 날 성경을 읽다가 예수님의 마음을 발견했죠. 하나님께 온전히 순종하고 복종하시는 예수님의 마음을 보게 되었습니다. 하나님 아버지의 뜻을 이루기 위해 십자가를 지신 예수님의 모습 말입니다. 그분의 은혜가 아니었더라면 우리가 어떻게 죄 사함을 받을 수 있었겠어요? 진정 그 은혜에 감사합니다."

그는 구원에 대한 감격과 기쁨으로 작사, 작곡을 한다고 한다. 그렇게 탄생한 찬양이 바로 그 유명한 〈사명〉이다.

주님이 홀로 가신 그 길 나도 따라가오
모든 물과 피를 흘리신 그 길을 나도 가오

험한 산도 나는 괜찮소

바다 끝이라도 나는 괜찮소

죽어가는 저들을 위해 나를 버리길 바라오

아버지 나를 보내 주오 나는 달려가겠소

목숨도 아끼지 않겠소 나를 보내주오

험한 산도 나는 괜찮소 바다 끝이라도 나는 괜찮소

죽어가는 저들을 위해 나를 버리길 바라오

아버지 나를 보내 주오 나는 달려가겠소

목숨도 아끼지 않겠소 나를 보내주오

세상이 나를 미워해도 나는 사랑하겠소

세상을 구원한 십자가 나도 따라가오

생명을 버리면서까지 나를 사랑한 당신

이 작은 나를 받아 주오

나도 사랑하오

나는 이 찬양을 들을 때마다 스스로에게 묻곤 한다. "험한 산도 나는 괜찮소라니 정말?", "바다 끝이라도 나는 괜찮소라니 정말?", "목숨도 아끼지 않겠소라니 정말?" 하고 묻곤 한다.

증인으로 살기 위한 삶의 자세

미국에서 살 때 아이들과 낚시를 즐기곤 했다. 특히 둘째 아들이 낚시를 좋아해서 갈 때마다 대어를 잡을 것 같은 엄청난 기대감에 들뜨곤 했다. 하지만 우리 부자는 낚시를 제대로 배운 적이 없어 한 마리도 못 잡고 돌아올 때가 종종 있었다. 그럴 때마다 너무도 속상해하는 아들을 보며 안타까움을 금할 길 없었다. 아이가 큰 물고기를 잡게 해 주고 싶은 것은 세상 모든 아빠의 마음이리라.

대어를 낚을 만한 좋은 낚시터를 찾던 중에 '슈어 캐치'(sure catch)라는 곳을 알게 되었다. 말 그대로 물고기를 분명히 잡을 수 있을 만한 곳이었다. 폭이 굉장히 좁고 엄청 깊은 저수지에 아주 많은 물고기들이 헤엄치고 있었다. 더 중요한 것은 주인이 먹이를 전혀 주지 않는다는 것이다. 낚싯대를 내리기만 하면 미끼를 무니 별다른 기술이 없어도 고기를 낚을 수 있었다. 낚싯대를 넣는 족족 팔뚝만 한 고기가 잡혀 올라오니 아이들이 신나 했다.

우리 삶 가운데도 예약되고 준비된 영혼들이 있다. 하나님의 시간에, 하나님이 예비하신 영혼들이 주위에 있게 마련이다. 우리 눈에는 과연 복음이 들어갈 수 있을까 의심스럽고 불가능해 보이지만, 하나님이 역사하고 계신다. 하나님이 이미 예비하셨기에 우리는 그 영혼에게 가서 전하기만 하면 된다.

순종할 때 그 영혼들은 반드시 하나님의 손에 붙잡힌다. 하나님이 예비하신 영혼은 말 그대로 'sure catch'인 셈이다.

그리스도의 증인된 우리는 때를 얻든지 못 얻든지 항상 전도에 힘써야 한다. 전도 대상에 제한은 없다. 하나님이 우리에게 붙여 주시는 사람이라면 누구에게나 예수님을 전해야 한다. 우리 생각에 안 되겠다, 힘들겠다 싶은 이들이 알고 보면 오히려 더 갈급한 경우가 많다. 그런 사람들이 주님 앞에 나온다. 보통 때와 다름없이 "예수 믿으세요!" 하고 한마디했을 뿐인데, 그 순간 영혼의 터치가 일어나 주를 영접하기도 한다.

우리는 그저 복음을 전하기만 하면 된다. 전도하지 못할 사람은 없다. 전도를 삶의 우선순위에 두고, 사람들과의 관계 속에서 예수님의 생명을 전할 기회를 늘 엿보아야 한다. 시간은 우리를 기다려 주지 않는다. 그때 복음을 전했어야 했다며 때늦은 후회를 하기 전에 급박한 심정으로 전도해야 하지 않겠는가.

그러나 막상 현실을 보면, 그리스도인으로서 마땅히 전도해야 한다는 것을 알면서도 전도하기 두려워서 떨거나 전도하지 못하는 죄책감에 빠져 있는 사람들이 많다. 교회에서 진행하는 특별 행사 때 목회자들의 눈총 때문에 엄청난 스트레스를 받는 이들도 적지 않다. 과연 전도는 의무감에 사로잡혀 억지로 해야 하는 것일까? 아니다. 전도는 이벤트나 행사가 아니다. 부담감을 갖고 꼭 해야 되는 의무적인 행위도 아니다. 전도는 삶이다. 내 안에 있는 그리스도의 생명이 성령의 역사로 말미암아 자연스럽게 흘러나오는 것이다. 많은 사람이 전도에 대해 오해하고 있는 것 중 하나는 전도에 통하는 방법이 있다는 것이다. 그러나 실상은 그게 아니다. 전도의 방법보다 더 중요한 것이 있다. 내 영혼이 하나님 안에서 살아 있는가가 더 중요하다. 살아 있다면 내 안에 담긴 그리스도의 생명이 흘러나올 수밖에 없기 때문이다.

그렇다면 그리스도인은 어떻게 해야 일상에서 증인의 삶을 살 수 있을까?

첫째, 하나님과의 깊은 관계가 중요하다. 하나님과의 관계가 깨어져 있다면 그분의 생명을 전할 수가 없다. 이것을 간과한 채 전도하려다 보니 철과 철이 맞부딪치는 것처럼 소리가 날 수밖에 없다. 하나님과 더 깊은 교제 가운데 들어가 성령의 윤활유가 자연스럽게 흘러갈 수 있도록 해야 한다.

둘째, 매일 기도해야 한다. 전도하고자 하는 마음이 있다면 전도할 수 있도록 하나님께 구해야 한다. 예수 그리스도의 증인으로 살아갈 수 있게 도와주실 것을 기대하면서 복음을 전하는 선한 도구로 사용해 주시기를 간구하라.

셋째, 영혼에 대한 사랑을 잃지 않아야 한다. 영혼에 대한 사랑이 마르면 전도할 수 없다. 영혼들을 바라보면서 긍휼히 여기는 마음이 있어야 한다. 영화 〈쉰들러 리스트〉(Schindler's List)의 마지막 부분에서 눈물을 흘리는 사람들이 많았다. 오스카 쉰들러가 자기 손가락에 끼어 있는 금반지와 손목에 찬 시계를 보며 '내가 왜 이것을 끼고 있는가? 이걸 팔았더라면 한 명을 더 구할 수 있었을 텐데…' 하고 눈물을 터트리면서 고백하는 장면은 가장 감동 어린 장면 중에 하나로 기억되고 있다.

정작 내 마음에 가장 와 닿았던 대목은 따로 있다. 주인공 오스카 쉰들러가 아닌 그의 회계사의 이야기였다. 쉰들러가 들려주는 600여 명의 이름을 받아 적던 회계사가 리스트를 보다가 무심코 한마디를 던졌다.

"이 리스트는 바로 생명이다."

그렇다. 리스트에 이름이 들어가 있으면 살 수 있었다. 리스트는 곧 생명이었던 것이다. 당신은 어떤 리스트를 가지고 있는가? 당신의 생명 리스트에는 당신이 사랑하고, 함께하고 싶은 사람들이 들어가 있는가? 사랑한다면 이제는 생명 리스트를 만들어 기도할 때다.

넷째, 관계 전도에 대한 올바른 이해가 필요하다. 한국 교회에서 이것을 너무 강조하다 보니 자칫 우를 범하는 일이 많은 것 같다. 우리 삶의 모든 관계가 의미 있지만, 그것을 꼭 전도하기 위한 것으로만 생각할 필요는 없다는 얘기다. 복음에 대한 열정으로 모든 관계를 전도의 도구로 사용할 수는 있지만,

그보다 먼저 사랑으로 잘 섬기는 것이 더 중요하다. 섬김을 통해서 삶 가운데 하나님이 자연스럽게 나타나게 된다.

다섯째, 전도는 하나님 나라를 확장하는 것임을 기억해야 한다.

여섯째, 삶의 우선순위를 정하고 시간을 선용해야 한다.

일곱째, 전도는 동역하는 것임을 잊지 말라. 바울이 심고 아볼로가 물을 주었지만 자라게 하신 이는 하나님이시다. 또 한 사람이 심고 다른 사람이 거둔다고 했다. 심고 거두는 것까지 내가 다 하지 않아도 된다. 다만 중요한 것은 내 안의 생명이 사랑으로 전해지고 있는가이다. 전도는 동역이다. 성령과 더불어 우리 모든 사람의 동역을 통해서 열매를 맺는다.

：

전도의 방법보다 더 중요한 것은
내 영혼이 하나님 안에서
살아 있는가다.
살아 있다면 내 안에 담긴
그리스도의 생명이
흘러나올 수밖에 없다.

：

chapter 16

복음

: 복음대로 살고 싶은 사람들에게

일상에서
복음의 능력을 맛보라

복음이란 무엇인가? 구원받기 위한 첫 관문인가? 미신자들을 위한 전도의 도구인가? 그런 부분이 없진 않지만 그게 전부는 아니다. 복음은 단순히 구원으로 만족하는 우리의 마음의 평안을 위한 것도 아니고, 아직 믿지 않은 사람들에게 전해야 할 중요한 사역의 일부분도 아니다. 구원도 중요하고 복음 전파도 중요하지만, 간과하지 말아야 할 것은 그리스도인들이 복음대로 사는 것이다.

심장이 3분만 멈춰도 뇌사가 시작되고, 5분 멈추면 생명을 잃는다고 한다. 심장은 생명이고 에너지와 능력의 근원이다. 복음도 이와 같다. 그리스도의 복음은 우리의 생명이요 우리 삶을 변화시키는 능력이다. 세상의 빛으로 오신 주님이 어둠 가운데 있는 우리에게 빛을 비추며 생명과 희망을 주신다.

예수 그리스도의 복음은 과연 무엇인가? 복음을 들은 자들은 무엇 때문에 움직이며, 무엇 때문에 감격하고, 무엇 때문에 감동하는가?

복음은 사랑, 전하지 않고 견딜 수 없다

사도 바울은 자신의 신앙에 대해 이야기하며 그리스도의 복음을 향한 마음을 이와 같이 표현하고 있다.

그리스도의 사랑이 우리를 강권하시는도다(고후 5:14).

여기서 쓰인 '강권하다'는 헬라어로 "어떤 것도 빠져나가지 못하게 꽉 붙잡다"라는 뜻이다. 영어로 표현하면 "holding something together"라고 할 수 있다. 그래서 다른 성경은 "그리스도의 사랑이 우리를 휘어잡습니다"(새번역)라고 번역했다.

사도 바울은 예수 그리스도의 사랑이 자신을 꽉 붙들고 있다고 고백한다. 나 같은 죄인을 구원하시기 위하여 하나님의 아들 예수 그리스도께서 이 땅에 오셨으며 십자가에서 죽으셨다. 하나님의 놀라운 사랑이 자신의 인생을 사로잡았고, 그 사랑이 자기로 하여금 복음을 전하지 않고는 견딜 수 없게 만들었다는 것이다.

처음으로 단기 선교를 다녀왔던 때를 지금도 기억한다. 대학생이던 내게 하나님이 말씀을 주셨다. 바로 예레미야서 20장 9절이다.

내가 다시는 여호와를 선포하지 아니하며 그의 이름으로

말하지 아니하리라 하면 나의 마음이 불붙는 것 같아서 골수에 사무치니 답답하여 견딜 수 없나이다(렘 20:9).

말씀이 내 마음을 얼마나 뜨겁게 했는지 모른다. 알다시피 예레미야는 눈물의 선지자다. 하나님의 말씀을 증거하던 그는 사람들에게 종일 조롱을 당했다. 하나님이 전하라고 명하신 말씀을 선포한 결과, 사람들에게 치욕거리가 되고 모욕거리가 된 것이다. 얼마나 힘들었겠는가. 그래서 예레미야는 다시는 여호와를 선포하지도, 그분의 이름으로 말하지도 않겠다고 다짐했다. 그러나 이내 하나님의 사랑에 항복하고 말았다.

너무 힘들어서 더 이상 못하겠다고, 안 하겠다고 마음먹은 순간 하나님의 놀라운 사랑 때문에 그의 마음이 불붙는 것 같아서 골수에 사무쳐 견딜 수가 없었던 것이다. 결국 그는 마음을 다잡고 그리스도의 복음 앞에 다시 설 수밖에 없었다.

그리스도인이 국내든 해외든, 장기든 단기든 전도하러 떠나는 경우가 이와 같다고 생각한다. 지난여름 우리 지구촌교회도 그리스도의 사랑을 가지고 국내와 해외로 나아갔다. 힘들고 어려운 곳, 위험한 곳을 가리지 않고 주님이 보내시는 곳으로 향했다. 때론 하기 싫은 일도 있었고, 하고 싶지 않은 일도 있었지만 결국 감당할 수 있었던 것은 예수 그리스도의 십자가, 그리스도의 사랑 때문이다.

블레싱 뱁티스트 때 있었던 일이다. 국내 전도팀이 어느 지구에서 지역 어르신들을 위한 경로잔치를 준비하고 있었다. 그런데 난데없이 화장실에 오물이 넘치는 사건이 발생했다. 순식간에 사방에 악취가 진동했다. 모두가 코를 막고 이게 무슨 일이냐고 할 때, 한 집사님이 나서서 청소를 하기 시작했다. 누구도 손대기 싫어한 일을 앞장서서 한 것이다. 오물로 덮여 있던 바닥을 깨끗이 청소하고, 악취를 제거하기 위해 승강기까지 세척했다. 그의 헌신으로 다행히 잔치가 시작되기 전에 모든 문제가 해결되었다. 잔칫집답게 행사장을 악취가 아닌 향기로운 냄새로 채울 수 있었다.

무엇이 그를 낮은 자리로 내려갈 수 있게 만들었는가? 두말할 필요 없이 하나님의 사랑이었다. 예수 그리스도의 십자가 사랑이 언제나 나를 강권한다. 내게 임한 그 사랑이 나를 움직이게 하신다. 그러니 그분의 사랑을 전하지 않고는 견딜 수 없게 되는 것이다.

복음은 생명, 빚진 것을 나누다

그리스도의 사랑이 우리를 강권하시는도다 우리가 생각하건대 한 사람이 모든 사람을 대신하여 죽었은즉 모든 사람

254

이 죽은 것이라 그가 모든 사람을 대신하여 죽으심은 살아 있는 자들로 하여금 다시는 그들 자신을 위하여 살지 않고 오직 그들을 대신하여 죽었다가 다시 살아나신 이를 위하여 살게 하려 함이라(고후 5:14-15).

주님이 우리를 대신하여 십자가에 달리셨을 때, 우리는 그분과 함께 죽었다. 또 부활하신 그리스도와 함께 우리도 다시 살아났다. 그러므로 우리의 생명은 이제 우리 것이 아니라 주님의 것이다. 이 사실은 무엇을 의미하는가? 우리 대신 죽으시고 다시 살아나셔서 우리에게 생명을 주신 그분을 위해 살아야 한다는 것을 의미한다.

복음은 생명이다. 생명을 나눌 때 비로소 사람들이 살아난다. 생명에는 파워가 있고, 생명의 씨가 뿌려질 때 복음의 능력으로 말미암아 자라나게 된다. 사도 바울은 에베소서에서 이렇게 말했다.

그는 허물과 죄로 죽었던 너희를 살리셨도다(엡 2:1).

그는 또한 "이는 내게 사는 것이 그리스도니 죽는 것도 유익함이라"(빌 1:21)라고 고백했다. 내 안의 생명, 내 안에 사시는 분은 그리스도이시다. 그리스도께서 우리에게 생명을 주셨다. 그로 인해 우리가 살았다.

지난여름 파키스탄에 다녀왔다. 대사로 있는 우리 교회 장로님의 초청으로 간 것이었다. 파키스탄은 테러 위협이 많은 위험 지역으로 선교사는 물론 단기 선교팀도 가길 꺼려하는 곳이다. 그곳에서 설교할 기회가 있었는데, 무장 경찰의 호위를 받으며 이동해야 했다. 국민 대다수가 무슬림인 이슬람 국가이기에 기독교에 대한 탄압과 테러가 실제로 존재하기 때문이다. 약 3,000명이 모이는 가장 큰 교회였는데, 그들은 이 같은 위험을 무릅쓰고 하나님 앞에 나오는 사람들이었다. 파키스탄의 그리스도인은 정부로부터 아무런 혜택도 받지 못하기에 가장 가난한 사람들이다. 하지만 열악하고 위험한 상황 가운데서도 그들은 하나님을 찬양하고 말씀을 사모했다. 그 안에 생명이 있기 때문이다. 생명은 살아 움직이고 또 다른 생명을 낳는다.

사도 바울이 이렇게 말했다.

> 내가 그리스도와 함께 십자가에 못 박혔나니 그런즉 이제는 내가 사는 것이 아니요 오직 내 안에 그리스도께서 사시는 것이라 이제 내가 육체 가운데 사는 것은 나를 사랑하사 나를 위하여 자기 자신을 버리신 하나님의 아들을 믿는 믿음 안에서 사는 것이라(갈 2:20).

복음은 생명이고, 그 생명의 빛이 내게 비칠 때 절망이 무너지고 어려움과 고통 중에서도 되살아난다. 생명을 나누는 것은 복음에 빚진 자가 마땅히 해야 할 일이다.

복음은 변화, 불가능한 일을 이루다

> 그런즉 누구든지 그리스도 안에 있으면 새로운 피조물이라 이전 것은 지나갔으니 보라 새 것이 되었도다(고후 5:17).

복음은 변화를 가져온다. 그리스도 안에 있으면 누구나 새로운 피조물이다. 이전 것은 지나가고 새로워진다. 새로워질 수 있는 변화의 기회가 누구에게나 주어지는 것이다. 한번 생각해 보라. 인간이 변하면 얼마나 변하던가. 하지만 복음이 인간을 변화시킨다. 복음이 공동체를 변화시킨다. 복음이 사회를 변화시킨다. 복음은 우리를 변화시키는 하나님의 능력이다. 사도 바울이 로마서에서 이렇게 말했다.

> 내가 복음을 부끄러워하지 아니하노니 이 복음은 모든 믿는 자에게 구원을 주시는 하나님의 능력이 됨이라(롬 1:16).

파키스탄에서 만난 부부를 잊을 수가 없다. 밤 9시가 넘어 나를 찾아왔는데, 영어도 잘하고 지각도 있는 똑똑하고 학식을 갖춘 사람들이었다. 알고 보니 그들은 이슬람 세계에서 가장 영향력 있는 500인에 들어가는 인물이었다. 소유한 학교만 해도 100여 개가 되고 교사만 1,500명이 넘는다고 했다. 사실 몹시 피곤했던 터라 인사만 하고 돌려보낼 생각이었는데 남자가 앉자마자 질문했다.

"이슬람과 문화가 하나로 붙어 있는데, 이 두 가지를 어떻게 나눌 수 있겠습니까?"

질문을 듣는 순간 눈이 번쩍 뜨였다. 내가 이렇게 대답했다.

"진리가 그것을 변화시킵니다."

"진리가 무엇입니까?"

그가 다시 물었다. 요한복음에 나오는 니고데모가 생각났다. 나는 최선을 다해 진리에 대해서 설명해 주었다.

대화는 리더십에 대한 내용으로 이어졌고, 나는 그들 안에 있는 변화에 대한 갈망과 굶주림을 엿볼 수 있었다. 헤어지기 전에 그가 목사인 내게 이런 부탁을 했다.

"제발 다시 오셔서 우리 정치인들에게, 경제인들에게, 사회인들에게 제게 들려주셨던 이야기를 또 나눠 주십시오."

복음은 변화를 몰고 온다. 복음이 들어가면 공동체가 변화한다. 하나님의 복음이 들어가면 민족이 변화한다. 우리나라도 그렇게 변화되지 않았던가.

1892년 미국 북장로교 선교사 사무엘 무어(Samuel Moore)가 한국에 들어왔다. 그가 곤당골교회(지금의 승동교회)를 개척했는데, 당시 곤당골에 백정들이 모여 살았다고 한다. 그래서 백정들의 교회라고 불리기도 했다. 조선시대 도살업자라고 할 수 있는 백정은 가장 천한 계층이었다.

교회가 세워진 뒤 이듬해에 청일전쟁이 발발해서 수많은 사람이 다치는 사건이 발생했다. 당시 제중원을 맡고 있던 에비슨(Oliver R. Avison) 선교사가 사무엘 무어 선교사와 함께 교회에서 부상자들을 치료하기 시작했다. 에비슨 선교사는 제중원 원장으로 고종의 주치의이기도 했다. 그런 사람이 백정들의 교회에 와서 환자들을 치료한다고 하니 소문이 삽시간에 퍼졌다. 반상의 구별이 엄격한 시대였음에도 불구하고 신분에 상관없이 환자들이 곤당골교회로 몰려들었다. 양반과 백정이 한 교회에서 치료를 받으며 함께 예배드리는 모습을 상상해 보라. 도저히 있을 수 없는 일이 벌어진 것이다. 그러니 얼마나 많은 갈등이 있었겠는가?

사무엘 무어 선교사는 이를 해결하기 위해 중요한 지침을 마련했다. 소위 '묻지마 원칙'인데, 그 내용을 열 가지로 요약할 수 있다.

첫째, 신분을 묻지 마라.

둘째, 직업을 묻지 마라.

셋째, 계급을 묻지 마라.

넷째, 당파를 묻지 마라.

다섯째, 학업을 묻지 마라.

여섯째, 재산을 묻지 마라.

일곱째, 고향을 묻지 마라.

여덟째, 나이를 묻지 마라.

아홉째, 소득을 묻지 마라.

열째, 과거를 묻지 마라.

백정이든 양반이든 '이전 것은 지나갔으니' 이제는 그리스도 안에서 새로운 피조물이요 주 안에서 하나가 되었기 때문이다. 어떻게 이런 일이 가능했는가? 우리에게 복음이 들어왔기에 가능했다.

홍성의 한 교회에도 변화의 바람이 불고 있다는 소식을 들었다. 지난여름 블레싱 뱁티스트가 끝난 뒤 한 통의 편지를 받았다. 내용은 다음과 같다.

"이번 잔치를 통해 함께 일했던 우리 성도님들에게서 변화가 나타나고 있습니다. 지구촌교회 성도들의 열정과 헌신을 보면서 많은 도전을 받은 것 같습니다. 어떤 분은 전도에 적극적이 되었고, 또 어떤 분은 봉사에 열심을 내게 되었습니다.

안타깝게도 작은 교회에서 좋은 신앙의 모델을 찾기란 쉽지 않습니다. 그런데 이번에 하나님이 지구촌교회 성도들을 통해 한 번에 너무 많은 것들을 주신 것 같습니다. 무더운 방에서 나오지도 못하고 땀 흘리며 기도하던 중보기도팀, 좁은 주방에서 많은 식구들을 돌보고 먹였던 만나팀, 포기를 모르고 마을 사람들을 찾아가서 계속 초청하고 기어코 데려왔던 전도팀, 열악한 환경에서도 밝고 환한 모습으로 섬겨 주었던 이미용팀, 의료팀, 수지침팀, 마사지팀, 장수사진팀 등등. 한 분, 한 분 일일이 열거할 수 없지만 연로하심에도, 몸이 불편하심에도 한결같은 열정과 기쁨으로 섬기시던 모습에서 그리스도의 참 능력이 무엇인지 볼 수 있었습니다. 지구촌교회 성도들이 우리에게 훌륭한 모델이 되어 주었습니다.

이번 잔치는 목회자인 제게도 목회의 방향을 점검하고 분명하게 하는 또 한 번의 좋은 계기가 되었습니다. 이것을 보게 하신 것이 어쩌면 이번 잔치를 통해서 하나님이 우리 교회에 주신 가장 큰 축복이 아닐까 생각합니다."

일상에서 맛보는 복음의 능력

어떻게 해야 주를 향한 첫사랑을 유지할 수 있을까? 어떻게 해야 예수 그리스도를 처음 영접했을 때처럼 주체할 수 없는 뜨거운 마음을 가질 수 있을까? 답은 의외로 간단하다. 복음에 대한 확신이 있는지 점검하면 된다. 세상살이도 뭔가 확신이 있어야 남들에게 말하고, 자신도 그렇게 살 수 있듯이 복음도 그러하다.

예수 그리스도의 복음을 확실히 믿고 있는가? 천국과 지옥이 있음을 믿는가? 예수 그리스도가 죄인인 우리를 위하여 십자가에 죽으셨음을 믿는가? 그리스도 외에는 구원받을 다른 이름을 우리에게 주신 일이 없음을 분명히 믿고 있는가? 복음에 대한 확신이 없다면, 복음에 대한 열정을 가질 수 없다.

케냐에서 선교사로 활동할 때, 길거리에서 복음을 전한 적이 있다. 자주 하지는 못했지만, 이따금 메가폰을 들고 나가 복음을 전하면 사람들이 하나둘씩 모여들곤 했다. 처음에는 사실 무척 떨렸다.

'사람들이 나를 어떻게 볼까? 무슨 말을 해야 하지?'

여러 생각들이 스치며 마음이 힘들 때도 있었지만, 일단 말씀을 선포하기 시작하면 하나님이 능력을 부어 주셨다. 나를 통해 복음의 능력을 나타내셨던 것이다. 없던 담대함이 생겨 복음을 더 힘 있게 전하고, 그것을 듣는 이들의 마음이 열려 예수님을 영접하는 역사가 일어났다.

복음의 능력은 복음을 자랑하게 만든다. 오늘 나에게 이런 복음의 능력이 있는지 자문해 봐야 한다. 사람들의 평가와 판단에 흔들리지 않는, 정말로 살아서 박동하는 심장 같은 복음의 능력을 지녔는지를….

앞서 얘기했듯이 복음의 능력은 우리 삶을 변화시킨다. 목회를 하면서 가장 힘들고 가장 고민스러운 것이 바로 이 부분이다.

"과연 사람이 변할 수 있는가?"

자신과 다른 사람을 볼 때, 자신 있게 "그렇다"고 대답할 수 있는 사람이 얼마나 될까? 도무지 변할 것 같지 않은 때가 많아 의심하고 낙심하고 절망하곤 한다. 하지만 분명한 것은, 복음은 우리 삶을 변화시키는 하나님의 능력이라고 하나님이 친히 말씀하고 있다는 것이다. 실제로 어느 정도 시간이 지나고 난 뒤에 돌아보면 바뀔 것 같지 않았던 사람들이 변화되어 있는 것을 발견하게 된다. 완전하지는 않더라도 그전과는 같지 않은 것이다.

내가 복음 안에 있다면, 또 복음이 내 안에 충만하다면 지금 이 순간에도 나는 변화하고 있는 중이다. 하나님의 역사가 내 삶을 바꾸고 계시기 때문이다. 복음은 생각과 행동을 변화시키고, 나아가 관계까지도 변화시킨다. 복음이 우리를 깨뜨리고 가르치고 새롭게 한다.

내 안에 주신 복음의 능력을 회복하자. 내 삶에 역사하시는 하나님, 예수 그리스도의 십자가의 복음의 능력이 내 삶을 주장하고 나를 움직이시도록 하자. 복음의 능력이 세상에 나타나면 용서할 수 없는 사람을 용서하게 된다. 사랑할 수 없는 사람을 사랑하게 된다. 도저히 견딜 수 없는 것을 견디게 해준다. 내 힘으로는 할 수 없던 일을 하게 되고, 나누고 섬기게 된다.

그리스도의 복음이 우리 가운데 있다. 복음은 사랑이요, 복음은 생명이요, 복음은 변화요, 복음은 온 땅을 향한 하나님의 마음이다. 물이 바다를 덮음 같이 하나님의 복음이, 그리스도의 사랑이 온 세상을 덮을 수 있도록, 하나님이 우리를 통해 일하고 싶어 하신다.

우리를 강권하시는 그리스도의 사랑이 우리를 통해 세상에 흘러가기를 기대한다. 복음에 빚진 자로서 우리가 지금 서 있는 곳에서 땅 끝까지 그리스도의 사랑을 비추는 생명의 등대가 되기를 간절히 기도한다.